기범이의
중국체험담

● 기범이의 **중국체험기**

저자_김기범

발행_2010년 5월 27일
교정_높이깊이
편집디자인_편집부
표지디자인_편집부

발행처_높이깊이
발행인_김덕중

출판등록_제4-183호

주소 133-819 서울시 성동구 성수1가동 22-6
전화 463-2023(代) 팩스 2285-6244

이메일_nopikipi@shinbiro.com

정가 9,000원

ISBN 978-89-7588-215-9 03320

기범이의
중국체험담

Chinese Story

| 들어가는 말 |

　중국은 한국보다 약 92배 크기의 영토와 13억 인구를 가진 거대국가로서, 1999년 9월의 수도 베이징은 오늘날의 베이징이 아니었던 것으로 기억한다. 처음에 서울로 돌아가자고 여러 번 조르기도 하였으나 아버지의 유학생활로 돌아갈 수도 없었다. 시간은 정말 빨리 갔다. 지금은 한국국제학교(KISB) 12학년에 재학 중이다. 처음에 우리학교는 전교생이 50여명이었으나 지금은 1000여명이 재학 중이다. 한국국제학교의 발전은 중국의 발전과도 상통한다. 중국의 발전은 표현할 수 없을 정도로 변화가 있었고 지금도 미래도 그러할 것이다.
　12년 동안 본 중국의 변화는 한마디로 충격적이었다. 짧은 시간에 이러한 발전과 변화가 나로 하여금 중국문제에 관심을 가지게 한 동기가 되었다. 중국 지도를 보면 중국은 한 개의 성이 한국보다도 면적이 크다. 여기에 다민족국가로서 각 소수민족들은 다양한 특성과 문화가 있어서 복잡하여 하나의 국가로서 존재가 어렵다고 생각할 수도 있다. 그러나 현재 중국은 하나의 나라로서 존재하고 세계 정치와 경제에 막강한 영향을 줄 수 있을 정도로 국제지위가 향상되었다. 세계가 중국을 주목하면서 중국은 매일 각 국가들이 헤드라인뉴스로 보도하는 국가가 되었다.
　중국은 한국과 가깝지만 어려운 나라이다. 한국과 중국은 경제관계에서 정치관계로 발전해오고 있다. 경제관계에서 중국은 한국의 절대적 필요시장으로서, 무역규모에서 중국은 한국의 최대 시장이다. 특히 한국의 최대시장이었던 미국을 초월한지 오래되었고, 앞으로도 이러한 상황은 계속될 것이다. 글로벌 경제위기는 중국에게 자신감과 국제지위를 부여하였고, 위엔화도 세계가 환영하는 상황으로 변하였다. 어릴 때 생각 없이 보았던 위엔화가 세계와 세계인이 사랑하는 화폐가 되었다고 생각하니 얼마 동안은 믿을 수가 없었다.

중국은 우리와는 체제가 다른 국가로서, 남북한 모두와 국교관계를 맺고 있다. 현재 중국은 남북한 관계를 정치적으로 활용하고 있다. 통일 한국은 중국에게는 대내외적으로는 엄청난 부담이 될 수 있을 뿐만 아니라, 중국이 철두철미하게 진행하고 있는 동북공정사업도 통일 후 한·중 간에 발생할 수 있는 문제 때문이다. 정치문제는 경제문제와 달리 양국 간에 상당히 복잡하게 하는 원인제공을 할 수가 있다. 이러한 문제는 우리의 미래와 직결될 수가 있기 때문에 중국연구가 광범위한 분야에서 더욱 활발하게 요구된다.

우리의 미래는 우리가 만들어야 하고 책임져야 한다. 한국은 올림픽과 월드컵을 중국보다 일찍 경험한 자랑스런 국가로서 중국과는 앞으로도 함께 하여야 한다. 그러나 우선 국민 간에 이러한 공감대가 형성될 때만 이 관계는 발전하고 지속될 수가 있다. 베이징의 생활은 나에게 많은 것을 보고 느끼게 하였다. 체제가 다른 국가가 어떻게 발전하고, 어떻게 변모할 수 있는지, 국민의 생각이 어떻게 변하는지를 직접보고 체험하였다.

12학년인 나는 대학을 준비하고 있다. 지난 긴 시간 동안 중국을 보면서 나는 꿈을 꾸었고 계획하였다. 그리고 자료를 준비하고 정리한 후 문장으로 표현하였다. 한 페이지를 쓰고 확인과 조언을 받아서 다시 쓰고 그리고 확인을 받았다. 30가지 문장은 완벽하지는 않지만 지난 시간의 중국을 보고 느끼고 생각했던 문제들을 서술한 것이다. 이 책은 부모님을 따라서 아무것도 모르고 중국에 와서 대학진학을 앞둔 현재까지의 나의 소중한 중국연구이자 이야기이다. 중국에서 공부하고 계시는 분이 아주 많다. 그 분들께서 나의 문장과 생각이 틀렸다고 생각하시더라도 귀엽게 보아주셨으면 한다.

중국은 어려운 국가이자 어떻게 변화할 것인가를 기대하고 예측하는 것은 어렵다. 우리는 이러한 중국과 지리적으로 가까이 있다. 앞으로도 더욱 많은 한국인이 중국으로 올 것이다. 특히 이 책은 나와 같은 또래의 친구들이 중국을 알고자 할 때 도움이 되었으면 한다. 중국은 내가 한국인임을 자랑스럽게 생각하도록 한 국가이자, 앞으로도 연구해야 하는 국가 가운데 일 개국이다. 지난 중국에서 생활과 교육은 미래의 나에게 엄청난 에너지가 될 것으로 확신한다. 마지막으로 부모님께 진심으로 감사한 마음을 전한다.

2010년 4월
중국 베이징에서
김기범

| Contents |

■ 중국 이야기

제1장 _중국 첫 도전기 ………………………………………… 11

제2장 _베이징 입성 ……………………………………………… 15

제3장 _북경한국국제학교(KISB) ……………………………… 19

제4장 _가짜가 많은 나라 ……………………………………… 25

제5장 _외국인 선생님과 한국인 선생님 …………………… 31

제6장 _베이징 왕징의 변화와 미래 ………………………… 37

제7장 _아파트변화와 보안원누나 …………………………… 41

제8장 _의심의 나라 …………………………………………… 47

제9장 _중국에서 친구의미 …………………………………… 51

제10장 _베이징 택시와 기사아저씨 ………………………… 55

제11장 _베이징 UN 모의총회 참가일기-1 ………………… 59

제12장 _베이징 UN 모의총회 참가일기-2 ………………… 63

제13장 _혐 한국과 신 한류 …………………………………… 69

제14장 _헤이처와 산룬처 ……………………………………… 73

제15장 _요리와 사회현상 ……………………………………… 77

■ 중국 연구

제16장 _요리와 계급문화 …………………………………… 81
제17장 _고궁과 만리장성의 현대적 의의 …………………… 85
제18장 _베이징올림픽과 목적 ………………………………… 89
제19장 _중국경제발전과 생활변화 …………………………… 93
제20장 _런민삐 가치변화와 영향 …………………………… 99
제21장 _소수민족정책 ………………………………………… 103
제22장 _중국의 분열가능성 …………………………………… 109
제23장 _2009년 중국창건일과 퍼레이드 …………………… 113
제24장 _유교사회주의 ………………………………………… 117
제25장 _유교문화 부활의 현대적 의의 ……………………… 121
제26장 _유교자본주의의 배경과 세계화 …………………… 125
제27장 _발전하는 중국과 문제점 …………………………… 129
제28장 _중국의 국제사회와 조화 …………………………… 133
제29장 _한국과 중국의 현대문화 비교 ……………………… 137
제30장 _미래 한·중 관계 …………………………………… 141

9

Chapter 1
중국 첫 도전기

| 중국이야기

    1999년 7월, 부모님과 함께 일주일 정도 중국 수도인 베이징에 머물렀다. 9월부터 생활해야 할 아파트도 알아보고, 여행도 하면서 현지답사하러 가는 거였지만 아무것도 모르는 8살짜리 철부지 꼬마였던 난 비행기 타고 여행 간다는 생각에 마냥 들떠 즐겁기만 했다. 베이징에 도착하자마자 날씨가 얼마나 더운지 숨이 콱 막힐 지경이었다.

    택시는 엄청 많이 대기하고 있었는데 택시 색깔이 모두 빨간색이어서 아직도 아주 강한 인상으로 남아있다. 좌석에 앉자마자 느껴지는 정말 표현하기 힘든 특유의 역겨운 냄새도 참기 힘들었지만, 운전석을 보호하기 위해 철창으로 둘러싸여 있는 안전장치는 마치 감옥 같아서 무섭다는 생각부터 들었다. 기사 아저씨의 머리는 언제 감았는지 기름이 좔좔 흐르고, 애써 들춰보지 않아도 겉으로 너무 많이 보이는 비듬, 거기다가 머리 한쪽은 까치집까지 지어져 있어 저절로 눈살이 찌푸려졌다. 에어컨을 틀기 위해 창문을 닫았지만 차내에 풍기는 참기 힘든 악취 때문에 차라리 창문을 열고 가는 편이 좋겠다고 생각했다.

    며칠 동안 부모님 손에 이끌려 중국을 대표하는 관광지인 자금성을 시작으로 이화원, 만리장성, 천안문 등을 관광하였는데 날씨가 얼마나 더운지 정말 걷기조차 힘들만큼 쓰러지기 일보 직전이었다. 시원한 물

한 모금이 간절했지만 정작 필요할 땐 왜 그렇게 찾아도 작은 가게조차 안 보이는지 지금도 그때 생각하면 시간이 오래 지났어도 오로지 힘들게 고생한 기억밖에 없다.

가는 관광지마다 얼마나 크고 넓은지 걷는 것이 어린 나에게 끝이 없는 것처럼 멀고 길게만 느껴졌다. 그늘도 찾기 힘들었으니 앉아서 쉴 수도 없었다. 마침내 편히 쉬면서 식사를 하려고 식당에 들어갔다. 시원한 물부터 갖다 줄 거라 기다렸는데 푹푹 찌는 듯이 더운 날 김이 모락모락 나는 뜨거운 차를 가져다주는 것이 아닌가? 어린 마음에 엄마한테 차가운 물 달라고 짜증도 내고 투정을 부리는 순간, 엄마도 마찬가지로 아니 날씨도 더워 죽겠는데 냉수를 줘야지 이렇게 뜨거운 물을 주면 어떻게 마시냐며 죄 없는 아빠한테 막 화를 내셨다.

엄마와 난 중국말을 전혀 못했기 때문에 모든 해결은 고스란히 아빠 몫이었다. 잠시 후에 냉장고에 잘 보관되어 있던 광천수(우리의 생수) 몇 병이 식탁 위에 올려진 후, 처음 알게 된 일이지만 슈퍼에서 파는 것처럼 식당에서도 시원한 냉수는 병에 든 광천수를 사 먹어야 된다고 했다. 우리가 익숙하지 않은 것들과 부딪힐 때마다 참 이상하고 이해가 되지 않는 부분이 한둘이 아니었다.

광천수를 손에 들고 관광을 할 땐 나이 어린 꼬마들 몇 명이 계속 쫓아다니는 바람에 이상하게 여기다가 혹시 아이들도 갈증이 나서 물이 필요한가 싶어서 들고 있던 병을 건네주면 자기네들끼리 막 웃으면서 병 속에 남아있는 물을 바로 바닥에 쏟아버리는 게 아닌가? 순간 너무 당황스럽기도 하고 어처구니도 없고 기분 나쁘기도 했지만 먹던 물이라서 그런가 보다 하고 캔 음료를 사서 줬더니 이번엔 또 기어코 받지 않는 것이다.

도대체 왜 그러는지 알 수 없어 무시하고 그냥 가면 또 우르르 따라다니고 해서 짜증도 났지만 별다른 방법이 없었다. 나중에 우리가 음료수를 거의 다 마셔갈 때쯤 그 아이들이 우리 곁을 떠나지 않고 계속 쫓아다닌 이유를 눈치 챘을 땐 우리 모두 다 놀라웠지만 더위에 지쳐 제대로 말이 나오지 않았다. 빈 병, 빈 캔류 등의 재활용품을 수거하여 그것을 팔아 돈을 버는 아이들로 생각하면서 처음엔 옷차림 새도 지저분하고 해서 뭐라도 구걸하려고 따라다니는 줄 알았는데 우리가 다 마시고 버릴 때를 기다리느라 그렇게 서로서로 경쟁하듯 뛰어다녔던 것이다.

일주일 동안 유명 관광지, 호텔, 식당, 학교 등 많이 다니기도 했지만 폭염 때문에 그런지 시간이 너무 길게 느껴져 빨리 한국으로 돌아가고 싶은 마음뿐이었다. 처음 중국 땅을 밟아 본 엄마와 난 약속이라도 한 듯이

다시는 안 오고 싶다고 말할 정도로 힘들고 고생한 기억으로만 가득 찬 상태에서 오늘날까지 10년 이상을 베이징생활을 하리라고는 꿈에도 생각하지 못했다. 나의 중국 첫 도전은 어린 나에게는 그야말로 짜증스러운 시간이었다고 생각한다.

Chapter 2
베이징 입성

| 중국이야기

　서울에서 초등학교 1학년 1학기를 마치고 여름방학을 보내고 있었던 1999년 9월이었다. 지난 학기 동안 이상하게도 아빠가 나의 곁에 없었고 엄마와 나만 서울에서 함께 있었는데 어린 나에게는 이해가 안 되는 점이 많았다. 엄마에게 가끔 아빠 이야기를 하면 웃으면서 공부하고 있다고만 말씀하셨다. 당시에는 정말 이해가 안 되었다. 다른 친구들은 주말에 아빠와 함께 놀러 다니고 그러는데 나는 엄마와 함께 시장에 가거나 아니면 집에서 책을 보았다. 참으로 당시에는 이해할 수가 없었다. 그러던 어느 날 엄마가 아빠와 함께 중국으로 공부하러 가자고 하셨다. 어린 나는 중국이 어디에 있는지 얼마나 먼지도 그리고 어떻게 가는지도 몰랐다.
　나는 마냥 아빠와 함께 있을 것이라는 생각에 즐거웠고 한편으로는 비행기를 타고 간다는 것이 정말 즐거웠다. 중국에 출발하기 전 엄마와 함께 종로에 있던 K중국어학원에 2달간 다녔다. 아마도 그 당시 나는 같은 또래에 비교해서 상당히 빨리 중국어에 입문했다고 생각한다. 학원에서 학원선생님의 가르침에 따라서 뜻도 모르고 읽고 따라 읽었다. 정말 재미있었다. 엄마와 함께 집에 올 때도 집에서도 함께 공부하였다. 엄마는 출발시간이 다가오면서 우리 집의 물건들을 이웃집에 나누어 주었다. 집안의 물건들이 하나하나 빠져나가면서 괜히 슬퍼지기도 하였다. 특히, 학교에서 잘 지내던 친구들을 못 본다는 것이 나를 무서워하게 하였다. 시간이 다가오면서 아빠와 엄마가 더욱 바쁘게 준비하셨다. 그런데 다행스럽게도 가까이에 살고 있었던 큰 이모와 이종사촌 누나 그리고 형도 우리와 같이 중국에 가기로 하셨다는 것이다. 큰 이모네는 미래 중국을 생각하면서 형과 누나의 교육을 위해서 간다고 하셨다.

베이징으로 가기 전날 나는 비행기를 탄다는 생각으로 정말 즐거웠다. 텅텅 비어버린 방에서 마지막 밤을 보내고 다음날 일찍이 공항으로 갔다. 출발 두 달 전 어머니께서는 나의 여권을 처음으로 만드셨는데 요즘 그 옛날 여권을 보면 웃음이 난다. 당시에는 난 정말 뚱뚱했었다. 터져 나갈듯한 양 볼에 볼록 나온 배는 말 그대로 비만아였다. 부모님 두 분은 모두 마르셨는데 나만 뚱뚱하였다. 학교에서도 경도비만이라고 하였다. 어머니는 나중에 다 키로 갈 것이니 걱정 말라고 하셨다. 공항에 도착하여 수속을 마치고 기다리다가 마침내 비행기를 탔다. 비행기에는 정말 많은 사람이 타고 있었다.

비행기가 이륙하면서 이렇게 무거운 비행기가 하늘을 나는 것이 참으로 신기하였다. 아버지와 어머니 사이에 내가 자리잡고 앉아 있으니 뒷자리에서 중국어로 말하는 소리가 들렸다. 나는 전혀 알아듣지 못했다.

그때 갑자기 걱정이 밀려왔다. 어떻게 중국에서 이야기를 할 수 있을지 그리고 그곳에 한국 친구들이 없으면 어떻게 해야 할지 등등 갑자기 혼란스러웠다. 어머니께 난 이제 어떻게 하냐고 물어 보았더니 어머니는 조용히 걱정하지 말라고 하셨다. 중국 베이징에도 한국학교가 있으니 친구들도 있을 것이라고 하셨다. 그래도 걱정이었다. 말이 통하지 않는데 어떻게 다니고 어떻게 과자를 사먹을 수 있는지 여러 가지 생각으로 비행기 기내에서 계속 걱정하였다.

이러한 걱정 속에서 비행기는 어느덧 베이징공항에 도착하였다. 도착하자마자 전혀 다른 공기가 나를 엄습해왔다. 갑자기 무서워지고 말을 할 수가 없었다. 어머니의 손을 더욱 꽉 잡으면서 짐을 찾아 밖으로 나오니 그때서야 내가 중국에 와 있다는 것을 느꼈다. 전혀 알아들을 수 없는 말과 붉은 색깔로 쓴 글자 그리고 이상한 중국 특유의 냄새는 나를 순식간에 바보로 만들어 버렸다. 아버지와 어머니는 기다리던 차에 짐을 싣고 나를 보고서 "두려워하지 마라, 아버지와 어머니가 있으니까"라고 하시며 빙그레 웃으셨다. 아마도 그 당시 두 분은 나의 마음을 모두 알고 있었으리라 생각한다.

택시는 고속도로를 달려 어느덧 아버지께서 계약했던 아파트에 도착하였다. 지금은 베이징지역도로가 잘 정비되고 포장이 되었으나 1999년에

만 해도 비포장도로가 상당히 많았던 걸로 안다. 우리 집은 1986년 베이징아시안게임이 열렸던 당시 선수촌으로 사용하였던 아파트에 입주를 하였다. 방 하나에 거실과 주방, 화장실이 전부였다. 나는 답답하였으나 아빠가 유학생 신분으로 중국에 왔기 때문에 모든 것을 아껴야 한다고 어머니는 말씀하셨다. 짐이 도착하고 짐을 정리하는 부모님을 보면서 나는 옆에서 전혀 알아들을 수 없는 중국 TV를 보면서 내가 정말 이상한 세상에 와 있는 것처럼 느껴졌다. 그렇게 중국에 도착한 첫날 부모님께서는 늦게까지 짐 정리를 하셨는데 나는 옆에서 왔다 갔다 하면서 늦게까지 잠들지 못했다. 이렇게 시작한 베이징에서 생활은 오늘까지 계속해 오고 있다.

Chapter 3
북경한국국제학교(KISB)

| 중국이야기

지금 재학 중인 북경한국국제학교(KISB)를 처음 만났을 때는 중고등학생 형과 누나들은 없었고 한 반에 몇 명밖에 되지 않는 초등학생들만 있었는데 전교생이 겨우 50여명 정도였다. 선생님들, 형과 누나들과 함께 스쿨버스를 타고 등하교했던 학교생활은 정말 즐거웠던 기억만 가득하다. 그런데 나의 기억과는 달리 부모님 말씀을 들어보면 당시 초등학교 1학년 때 고학년과 마찬가지로 오후 늦게까지 수업이 있었던 나는 피곤으로 인하여 어떤 날은 쌍코피를 흘릴 정도로 힘들어 했었다고 말씀하셨다.

하지만 스쿨버스에서 교장선생님과 학교 도착할 때까지 손바닥 치는 게임도 하고 재미있는 이야기도 나눴던 일들을 요즘 생각하면 감히 생각지도 못할 추억으로 오늘날 아침에 등교하는 어린 초등학생들을 보면서 옛날 그리운 추억을 잠기곤 한다. 특히 북경한국국제학교가 오늘날 베이징 왕징지역에 우뚝 자리를 잡기까지 몇 번의 이사를 하면서 한국학교가 없는 설움도 많이 느끼곤 하였다.

지금 생각하면 참으로 안타까운 일인데 당시 철없던 우리들은 영문도 모른 채 이사할 때마다 새로운 건물과 달라진 학교주변상황에 마냥 좋아라 뛰어다녔다. 물론 중국학교와 한국학교가 함께 하나의 울타리 안에서 공존하기도 했기에 가까이서 중국학생들의 여러 학교생활 모습들을 볼 수가 있었던 점도 있었고, 그때마다 우리는 너나 할 것 없이 자연스럽게 말과 행동 등 매사 조심해야 된다는 책임감도 갖게 되었다.

지난 10여 년이란 시간이 흐르면서 학교도 많이 발전하게 되고 교민들도 크게 증가하면서 우리학교 학생들도 현재 천 여명이 될 정도로 규모가 커졌다. 이제 우리학교에 입학하거나 편입을 하기 위해서는 까다로운 시험도 통과하여야 한다. 선생님들과 부모님들, 그리고 학생 모두 한마음이 되어 열심히 노력한 결과 3학년 형, 누나들의 한국대학 진학률이 좋은 성과를 내면서 점점 인기가 좋아진 것 같다.

부모님은 처음부터 지금까지 오로지 한국국제학교만 고집하셨다. 친구들 중에는 나와 마찬가지로 초등 1학년 때부터 지금까지 함께 다니고 있는 친구들, 또 우리학교를 거쳐서 타 학교로 전학을 가거나 한국으로 귀국하거나 또 다른 국가로 간 친구들이 많다. 그래서인지 해외 현지생활 특성상 우리학교는 해마다 한 학년을 마무리 할 때 졸업앨범과 같은 사진첩(YEAR BOOK)을 만든다. 예전에는 초등학생부터 고등학생까지 모두 한 권으로 나왔었는데 몇 년 전부터는 초등학생 따로, 중고등학생 따로 이렇게 두 권으로 나온다. 말하자면 1년에 한 번씩 받는 졸업앨범과 마찬가지인 것이다. 가끔 책 정리를 하면서 옛날 사진첩을 들춰 보면 가물가물하는 옛 친구들이 궁금하고 그립다. 아마 사진 속의 친구들도 가끔씩 이 사진첩을 뒤적거리며 그리워하고 있을 거라 생각한다.

북경한국국제학교의 장점은 역시 한국교육이 중심이 되어 학교생활을 한다는 것이다. 어차피 한국인으로 살아야 함으로서 기본적으로 알아야 할 한국의 정치, 경제, 역사 등의 교육을 받아야 된다는 것이 부모님의 말씀이다. 특히 한국인으로서 반드시 갖추어야 할 교양과 덕목을 배워야 한다는 것이 가장 기본적인 출발점이라고 생각하는 것은 나 또한 부모님과 뜻이 같다. 옛날과 비교하면 학교수업과 진행이 엄청나게 큰 변화가 있다고 할 수 있다. 영어와 중국어 원어민 선생님의 지도와 과목별 세분화된 수업과 영어, 중국어, 수학의 분반수업, 다양한 특기교육 등은 아마 어느 학교와 비교하더라도 뒤지지 않는 수준 높은 교육일 것이라고 생각한다.

특히 작지만 잘 다듬어진 학교교정은 중국학교와 다른 특성을 가지고 있다. 해를 거듭할수록 본교에 입학하기를 희망하는 학생이 증가하고 있으며 심지어 일반 외부의 사설학원에서는 한국국제학교 입학을 위한 입시 전문반이 생길 정도로 경쟁이 치열하다. 이러한 외부적 요인은 개인적으로 좀 더 열심히 해야겠다는 책임감을 가지도록 하는 동시에 훌륭한 선배로서 학교도 빛내고 후배들에게 귀감이 될 수 있도록 새로운 마음가짐을 가지게 한다.

여기서 북경국제학교인 우리학교 자랑을 하고 싶다. 첫째는 한국대학을 진학하기 위한 가장 좋은 학교이고, 둘째는 한국인으로서 갖추어야 할 기본적인 교양을 학교에서 받을 수 있으며, 셋째는 한국인 학교동문이 있다는 것이다. 특히 해외학교에서 재학 중이라고 하면 흔히 한국인이 가장 중요시하는 애교심과 학맥을 만들기 어렵다고 생각할 수도 있지만 우리학교에서는 그런 걱정이 필요 없다. 요즈음 생각해보면 부모님께서도 그러한 이유로 한국의 기본교육을 강조하셨고 중요시한 것이 아닐까 싶다.

예전과 달라진 점이 있다면 몇 년 전부터 한국의 유명대학들이 본교에 찾아와서 입시설명회를 개최한다는 것이다. 이러한 상황들을 보고 들으면서 우리학교의 위상이 많이 높아졌음을 피부로 느끼기도 한다. 만약 중국으로 유학을 준비하는 한국에 있는 후배들이 있다면 우리학교를 적

극 추천하고 싶다. 그리고 처음부터 시작하고자 하는 중국학교에서의 생활이 두렵다면 일단 우리학교에서 공부를 하면서 준비하는 것도 좋다고 생각한다. 특히 한국국제학교는 중국학교로 전학하기 전 준비하는 시간과 중국생활을 준비하는 정신적인 안정감을 함께 가질 수 있게 해줄 것이다.

현재 졸업을 약 1년 앞둔 12학년으로서 지난 학교생활을 생각해보면, 아무 생각도 없이 그냥 철없이 책가방을 메고 다녔던 시간이 참으로 많다고 할 수 있다. 중학생이 되고 한참이 지나서야 겨우 한국의 치열한 교육환경을 조금이나마 맛 본 이후부터 나 자신과의 싸움을 꾸준히 해오고 있다. 마지막 재학생인 12학년이 되면서 내가 생각하고 희망하는 대학으로 진학하기 위해서, 그리고 부모님 기대에 실망시켜 드리지 않기 위해서 오늘도 최선을 다하고 있다. 특히 남은 시간을 잘 마무리해서 한국국제학교의 자랑스러운 졸업생이 되고 싶은 것이 솔직한 바람이다.

Chapter 4
가짜가 많은 나라

| 중국이야기

중국의 면적은 우리나라의 92배이다. 대부분 한 개의 성이 우리나라 면적보다 더 크다. 인구는 말할 필요조차도 없다. 따라서 각양각색의 사람이 존재한다. 특히 중국경제가 발전하면서 중국인의 생활수준과 사고방식이 다양하게 변했다. 이러한 중국의 발전속도를 따르지 못하는 사람들은 나쁜 쪽으로 쉽게 빠진다. 바로 위폐제조와 세계적인 명품위조 등등으로 다양하다.

중국은 참으로 가짜가 많다. 의심 또한 정말 대단하다고 생각한다. 특히 지폐에 관해서는 이미 생활화 되어 있다. 시장, 거리, 택시 등 그 어떤 곳에서도 중국인은 항상 다시 한 번 살펴보고 확인한다. 처음엔 물건을 사고 돈을 건네면 받자마자 바로 하늘위로 돈을 비쳐보고 앞뒤를 확인하고 손으로 비벼도 보고, 여기저기 만지작거리기도 하고 기계로 왔다 갔다 통과도 시켜보고 해서 지켜보고 있으면 말할 수 없이 너무 불쾌했다. 도대체 우리를 어떻게 보고 저런 행동을 보이는 건지 기분도 나쁘고 한마디로 기가 막힐 뿐이었다.

하지만 약 10년이 넘는 시간 동안 여전히 변하지 않고 있는 것이 현실이니 한편으로는 참 슬프고 안타까운 일이기도 하다. 불행인지 다행인지는 몰라도 내가 직접 경험하고서야 중국인의 생활 속에 이미 습관화 되어 있는 돈의 진위를 파악하는 자연스런 행동들을 조금이나마 이해할 수가 있었다. 진짜 돈을 위폐와 함께 나란히 펼쳐 놓고 여러 번 비교해 보았지만 가려내기 힘들 정도로 정교하다는 것에 감탄사가 저절로 나오곤 한다.

언젠가 중국서점에서 책값을 지불했더니 서점 주인이 위폐라고 사용하지 못한다며 나를 쳐다보는 모습이 선하다. 서점을 나오자마자 엄마한테 전화로 화내면서 "엄마가 주신 50원짜리가 가짜래요!" 서로 너무 황당하고 믿어지지 않는다고 하였지만 언제 어디서 누구한테 거스름돈으로 받았는지 기억조차 할 수 없으니 그야말로 하소연 할 때도 없는 것이 아닌가? 억울하고 괘씸하다는 생각에 나만 당하고 손해 볼 수 없지 하고 오는 길에 슈퍼에 들러 물건 하나를 고르고 그 돈을 지불했더니 바로

가짜라고 하면서 돈을 돌려주었다. 속상한 마음에 집에 와서 엄마께 자초지종을 말씀드렸는데 내 마음은 몰라주고 오히려 야단만 실컷 먹었던 기억이 있다. 서점을 나오면서 마음속으로 느껴졌던 뭐랄까 가슴이 쿵쾅거리고 다음에 책 사러 어떻게 갈지 하는 생각도 들고 얼굴도 화끈거렸다. 아마 거짓말이나 도둑질한 죄인들이나 경험할 수 있는 느낌도 나와 같지 않을까 싶었다. 그 후에 난 큰 돈보다 10위엔이나 5위엔 등의 작은 동전을 준비해서 다니는 작은 습관 하나가 생겼다.

위폐뿐만 아니라 차와 오토바이 그리고 엄청난 거금을 투자하여 만든 소프트웨어도 중국시장에서는 마음만 먹으면 정말 손쉽게 살 수가 있다. 재미있는 것은 이러한 물건들을 파는 시장에 중국인은 물론 세계 각국에서 온 외국인도 많다는 점이다. 중국인의 기술은 아마 세계시장에서도 절대 뒤지지 않을 정도로 최고일 것이라고 생각한다. 중국 곳곳에 있는 유물과 문화유적을 보면 한국에서는 보지 못했던 신기하고 처음 보는 것들이 정말 많다. 나는 이러한 유적들을 만나면 놀라서 저절로 감탄을 하면서도 다른 한편으로는 선조들의 훌륭한 기술들이 오늘날 나쁜 쪽으로 흘러서 만들지 말아야 하는 것들을 만들고 있다고 것에 씁쓸해하기도 하였다.

중국의 거대 인구도 이러한 기술을 발전시켰을 수도 있다. 자신들의 경제적인 욕심을 위해 기술을 연구하여 지하음지에서 제품을 만드는 기술자가 되었을 것이다. 그러나 오늘날 이들이 만든 제품이 중국인과 세계에서 중국으로 여행 온 외국인조차도 적어도 하나씩은 산다고 하니 정말 대단하다. 나도 친구들과 함께 중국 모조물건을 산 적이 있다. 문제는 사용한지 얼마 되지 않아서 망가진다는 것이다. 물론 게임기와 같은 불법복제품 가운데는 괜찮은 것도 있다. 정품으로 사면 수 십 만원을 주어야 하나 중국에서는 몇 만원만 주면 된다. 어릴 땐 친구들과 함께 어울

려 여기저기 돌아다니며 많이 샀지만 그 제품이 정품이 아니라고는 생각조차 못했다. 다만 새롭고 잘 작동되면 최고였다. 가끔 물건들을 정리하다가 예전에 샀던 모조품들을 보면 혼자서 조용히 웃곤 한다.

요즘 중국인은 한국제품에 대해서 열광한다. 한국가수나 배우 그리고 영화, 음반 등이 중국에 소개되면서 중국친구들은 그들을 따라 하려고 옷 디자인과 머리모양, 심지어 한국노래가사를 뜻도 모르고 외워서 따라 부르고 있다. 심지어 한국가수들과 똑같이 옷을 입고 정말 비슷하게 생긴 중국친구들도 있다. 나는 이들을 보고서 한편으로 한국이 자랑스러웠지만 한편으로는 무서웠다. 중국친구들은 무서운 열정도 있지만 이와 반대로 급랭의 성격도 가지고 있기 때문이다. 베이징에서 10년 넘게 생활하면서 옛날에는 중국인이 한국인에 대해서 정말 호감을 가지고 좋은 감정으로 대해 주었는데 요즘은 예전만큼 같지 않다는 느낌을 받을 때가 있다. 아마도 이러한 문제들은 우리가 앞으로 해결해야 한다고 생각한다.

특히 얼마 전 중국에서는 가짜 계란과 쇠고기, 햄, 우유 등이 소개되어 중국이 난리가 난 적이 있다. 가짜 계란과 쇠고기를 만들다니 말문이 막힐 정도로 이해가 되지 않았다. 중국인 스스로도 물건을 살 때 이거 가짜 아니냐며 확인할 정도로 서로가 서로를 믿지 못했다.

그동안 중국인과 가까이 생활하면서 기분 나빠하고 이해되지 않던 이상한 행동들을 요즘은 내가 그들이 하는 행동과 똑같이 확인하고 행동하는 자신에 놀라기도 한다. 이런 나의 모습에 한심하지만 속지 않으려면 뻔뻔해야 된다는 생각으로 자신을 위로하기도 한다. 왜 이렇게 서로가 서로를 믿지 못하고 상대방을 인정할 수 없는 것인지 묻고 싶지만 그래도 중국은 하루가 다르게 계속 발전하고 있으니 정말 모순이라고 생각한다.

13억의 중국인은 과연 어떻게 살고 있으며 나와 같은 또래의 중국친구들은 어떠한 꿈을 꾸고 있는지 정말 궁금하다. 아마도 중국친구도 이러한 환경과 사고방식을 배우면서 성장하여 중국을 이끌어 나가는 지도자가 될 것이다. 이러한 생각을 하니 조금은 답답하기도 하다. 그렇지만 중국은 계속 발전하고 있고 우리나라와는 상호간에 필요성이 점차 증가될 것이라고 하니 미래에도 계속해서 각 분야에 중국을 연구해야 할 것이다.

Chapter 5
외국인 선생님과 한국인 선생님

| 중국이야기

    베이징으로 갈 때 난 ABCD 알파벳도 모르고 왔다. 물론 당시 한국 서울 초등학교에 다닐 때는 영어공부가 요즘처럼 광풍 정도는 아니었다. 베이징의 한국국제학교로 전학하자마자 영어와 중국어를 동시에 공부하였다. 영어는 그림책에서 보고 해서인지 조금은 눈에 익었지만 중국어는 아니었다. 아버지는 내가 써 놓은 글자를 보고 그림을 그려 놓았다면서 엄마와 함께 웃으시곤 하셨다. 부모님은 내가 어릴 때는 공부에 대한 부담을 주지 않으려고 하신 것 같다. 외국에서 한국인으로 살아가려면 기본적으로 한국어를 잘해야 한다고 하시면서 초등학교 저학년 때에 한국 TV를 볼 수 있도록 비싼 비용을 지불하고 위성TV를 설치해 주셨다.

    베이징에서 시작한 학교생활은 지금 생각하면 어린 나이에 적응하기 어려운 부분도 많았을 텐데 힘들었다는 기억이 없는 걸 보면 당시 유학생 신분으로 비싼 비용을 지불하고 설치한 위성TV설치는 나를 위해 배려해 주신 부모님 덕분이라고 생각한다. 또한 당시에 어려서 아무것도 모르고 외국어를 받아들인 점도 있지만 부모님의 마음 깊은 배려로 외국어에 대한 어렵고 힘들다는 생각을 느끼지 못하면서 학교생활을 한 것 같다.

    고학년이 되면서 중국어와 영어에 대한 난이도가 높아지면서 원어민 선생님으로부터 과외를 하기 시작하였다. 특히 기억에 남는 선생님은 필리핀 영어선생님과 조선족 중국인 선생님이다. 필리핀 영어선생님은 여자분이 셨는데 참으로 친절하시고 상냥하셨다. 지금까지도 어머니와 연락을 하고 계신다. 선생님은 필리핀 고향에 어린 아들을 홀로 남겨두고 중국에 돈 벌러 오셨다. 필리핀 노동자들의 한 달 평균월급이 약 100달러라는 이야기를 듣고 난 깜작 놀랐다. 그리고 몇몇 학생들의 과외비가 여러 명의 필리핀 노동자 월급 이상이구나 하는 생각을 하고서 머리가 복잡하였다. 우리는 한국에서 중국비자를 쉽게 받을 수 있지만 필리핀 사람들이 중국비자를 받는 것은 정말 어렵다고 선생님이 말씀하셨다. 선생님이 중국에서 한국학생들을 열심히 가르치면서 살아가시는 것에는 여러 가지 이유가 있었다. 후일 어머니께서 필리핀 영어선생님이 중국대학에 출강하시는 미국인 교수님을 만나서 재혼을 준비하고 있다고 하셨다. 나는 선생님의 축복을 빌었고 언젠가 다시 만날 수 있을 것이라 생각한다.

한국에서는 필리핀을 포함한 동남아시아인을 길에서 쉽게 만날 수가 있다. 이전에 잠시 귀국하여 거리에서 이들을 만나면 아무 생각이 없었는데 영어선생님을 통하여 한국에 입국하여 일을 하고 있는 그들을 다시 한 번 새로운 시각으로 바라보아야겠다고 생각하였다. 세계는 이제 단일 경제권이 되어가고 있고 우리나라가 조금 더 앞서가면서 선도하고 있다.

그러나 이러한 선도는 전후가 변할 수도 있을 것이다. 따라서 우리보다 경제적으로 어려운 다른 나라 사람들을 만나면 진심으로 대하고 그들의 입장에서 한번쯤 생각해 보았으면 한다.

영어선생님을 제외한 중국인 선생님 가운데 기억나는 분이 바로 조선족 여자선생님인데 오랫동안 잊어버리지 못할 것이다. 선생님은 언제나 조용히 오셨다가 조용히 가신다. 말씀도 조용하게 하시고 가르치는 방법도 나의 수준에 맞게 항상 설명해주시고 마지막으로 내가 이해하는지를 다시 확인하셨다. 선생님은 나의 이종사촌 누나와 형도 가르쳤을 뿐만 아니라 지금도 한국학생들을 몇 십 명 가르치고 계신다. 선생님에게 지도 받았던 학생들 대부분이 유명대학에 진학하면서 더욱 유명하게 되었다. 선생님은 중국 길림성에서 베이징으로 오셔서 한국학생들과 인연을 맺으면서 베이징에서 집도 사셨고 수입도 상당한 것으로 들었다. 특히 진심으로 학생들이 좋은 결과를 얻도록 항상 노력하셨다.

언젠가 선생님의 아버지께서 환갑이셔서 어머니가 한국처럼 물질적으로 약간의 인사를 하셨는데 한참을 안 받으려고 실랑이를 하시다가 마지못해 받으셨다. 며칠 후 선생님이 돌아오시면서 고향 특산물과 받아가셨던 작은 성의를 다시 갖고 오셔서 아버지께서 고마운 마음만 받겠다고 하면서 돌려 주셨다. 물론 다른 쪽으로도 생각해볼 수도 있지만 좋은 기억으로 남을 수밖에 없는 것은 약 2년 동안 보았고 특히 그 분의 인격을 알기 때문이기도 하다.

무엇보다도 정말 잊어버릴 수 없는 선생님이 두 분 계신다. 두 분다 학교 밖에서 나를 지도하셨던 선생님으로서 한 분은 옛날에 나를 가르쳤고 한 분은 현재 나를 지도하고 계시는 선생님이다. 특히 지금 내가 매일 만나는 선생님은 11년 동안의 베이징 생활에서 목표도 목적도 없었던 나에게 확실한 목표와 목적의식을 가지게 해주셨다. 나는 선생님을 만나

면서 지금까지 무의미했던 생활습관과 생각을 바꾸게 되었고 이를 지켜본 부모님도 조금 안심하시면서 나를 믿으셨다. 선생님은 그 누구에게도 들어보지 못한 현재의 나를 적나라하게 일깨워 주셨고, 말씀 한마디 한마디가 나에게는 미래를 준비하는데 절대적인 정신적인 충고이자 조언이었다. 똑같은 말이라도 때로는 상황에 따라서 상대방에게는 엄청나게 도움이 될 수도 있다는 말을 책에서 보았지만 오늘날 나에게 적용되리라고는 꿈에도 생각하지 못했다. 어머니께서는 오늘도 나를 위해서 시간을 맞추시고 말없이 바라보신다. 내가 12학년이 되면서 아버지께서 마지막까지 최선을 다해 달라는 말씀이 생각난다. 언젠가 나도 선생님과 같은 위치에 있게 된다면 아니 군중을 대상으로 말할 기회가 있다면 선생님과 같이 마음에 기억될 수 있는 그러한 사람이 될 것이다.

나는 중국에서 초중고를 재학하고 있지만, 한 학기가 부족하여 한국대학 입학 시 12년 특례대상자가 아니다. 또한 부모님과 함께 3~4년을 중국에 체류하면서 특례입학자격을 갖춘 친구들과도 다르다. 이러한 입시제도가 한국교육제도의 모순이라고도 생각해보았지만 부모님의 말씀이 먼저 생각난다. 아버지께서 공부를 마치고 한국대학으로 가시면서 "기범아! 너는 중국에서 초중고를 마쳐도 특례대상이 아니므로 스스로 공부하여 대학교에 진학해야 한다"고 하셨다. 난 당시 그 말씀을 이해하지 못하였다. 12학년이 되면서 조금 억울한 점도 느꼈지만 마음을 전환하고 대학입학을 준비하고 있다. 조금 혼란스럽고 당황하고 있을 때, 내가 만난 지금의 한 선생님은 나의 모든 문제에 있어서 열쇠가 되었다. 난 선생님의 말씀을 이해하고 실망시키지 않기 위해서 오늘도 최선을 다하고 있다. 특히 방과후 수업으로 고민을 하고 있을 때 담임선생님이 나의 상황을 이해해주시고 허락해주신 점은 나에게 있어 공부를 해야 하는 또 다른 의미가 되었다.

베이징은 참으로 재미있다. 오늘도 학생들은 외국인선생님을 만나 공부하고 내일을 준비하고 있다. 이러한 외국인선생님은 미국, 독일, 유럽, 한국, 동남아 등의 국가에서 베이징으로 오셨다. 내가 만났던 선생님들도 여기서 다 쓰지는 못했지만 여러 분이 계셨고 내가 조금 더 나은 실력을 갖도록 지도해 주셨다. 나는 항상 선생님들의 감사함을 마음속 깊이 간직하고 있으며, 반드시 이 분들을 다시 만나서 지난 날 가르침의 감사함을 전할 것이다.

Chapter 6
베이징 왕징(望京)의 변화와 미래

| 중국이야기

베이징 왕징(望京)지역은 한국인 집단 거주지역으로 알려져 있다. 이곳에는 한국에 있는 모든 물건과 음식점 그리고 영화관을 빼고 다양한 오락시설이 있으며 중국어를 할 수 없어도 그리 불편함을 느낄 수가 없었다. 내가 재학하고 있는 한국국제학교(KISB)도 이곳에 있다. 지난 10여 년 간 왕징의 변화는 거의 천지개벽과 같음을 느끼게 한다. 한국인이 이곳에서 집단으로 거주하면서 베이징지역의 모든 택시기사들도 왕징으로 가자고 하면 곧 바로 한국인이 많이 모여 사는 지역으로 알고 더 이상 물어보지 않는다. 왕징이 오늘날 이렇게까지 변화하리라고는 그 누구도 생각하지 못했을 것이라 생각한다.

초등학교 1학년 때 부모님과 베이징으로 와서 2년간은 야윈촌(亞運村)의 외국인 아파트에서 살다가 왕징지역으로 이사하였다. 당시만 하더라도 왕징지역은 아파트가 별로 없었으며 허허벌판이라고 할 만큼 황량하였다. 함께 중국으로 왔던 이모부네가 우리보다 왕징지역으로 먼저 이사를 해서 우리 집이 이사하기 전 여러 번 어머니의 손을 잡고 왕징에 놀러 갔었는데 높게 지은 아파트 밀집지역 한두 지역을 제외하고는 사방이 논밭이었다. 겨울에는 더욱더 추위를 느끼게 하였고 학교를 마치고 집으로 돌아오면 바깥을 나가기가 싫었다. 요즘처럼 오락시설도 없었지만 한국인도 한국인 친구도 그렇게 많이 없었다. 집에서는 어머니와 함께 그날 숙제를 하고 저녁에 어머니 따라서 슈퍼나 시장에 가는 것이 베이징 왕징 생활의 즐거움 가운데 하나였다.

2008년 베이징이 올림픽 개최지로 선정되고 시간이 지나면서 왕징에도 한국인이 점점 많아졌고, 동시에 내가 재학하고 있는 한국국제학교에도 학생들이 점점 많아졌다. 사람들이 많아지면서 왕징의 모습도 급속도로 현대식으로 변하기 시작하였다. 황량하였던 들판이 현대식 건물과 아파트가 올라가고 중국인도 조선족도 함께 증가하였다. 이러한 가운데 조선족들이 많이 왕징으로 오면서 일자리 경쟁이 시작되었고, 조선족 아주머니와 아저씨 그리고 누나, 형들이 많이 눈에 보였다. 그리고 왕징에 있는 한국식당과 시설이 증가하면서 중국어의 필요성을 느낄 수가 없을 때도 있었다.

우리 집에도 약 6개월 정도 조선족 아주머니가 계셨다. 부모님 모두가 학교에 다니신 초창기에 방과 후 혼자 집에 있는 내가 걱정이 되서 조선족 아주머니께 집안일을 맡기셨는데 아주머니는 참으로 정이 많으신 분이셨다. 아주머니는 항상 나를 걱정해 주시고 방과후 집으로 오면 간식을 주시면서 재미있는 중국이야기를 해 주셨다. 내가 첫 학기를 마치고 방학과 동시에 아주머니도 춘절(음력설)로 고향으로 가게 되었다. 이후 우리 집은 오늘까지 조선족 아주머니와의 만남은 없었다. 그때 우리 집에서 잠시 일을 하셨던 조선족 아주머니는 나에게는 정말 자상하셨는데 가끔 그때의 고마웠음을 느끼기도 한다. 어머니께서도 지금까지 그 아주머니가 정말 고마웠다고 말씀하시곤 하신다.

한국인과 조선족과는 중국에서 함께 공존해야 한다고 생각한다. 조선족의 국적은 중국인이지만 그 뿌리는 우리와 같은 민족으로서 다가오는 미래에 어쩌면 우리는 이들의 도움을 받아야 할지도 모른다. 중국의 56개 민족가운데 소수민족으로 살아가고 있는 조선족이 타 민족보다도 더 잘 살고 뛰어난 민족이 되었으면 하는 것이 솔직한 나의 희망이다. 우리도 이들을 이해하고 그들도 우리를 진심으로 받아들여 함께 공존해야 한다. 특히 남북한이 존재하고 있는 한 조선족들이 절대적으로 필요하다. 그리고 통일 후에도 이들이 큰 역할을 할 것이라고 아버지께서 말씀하셨던 기억이 있다.

왕징의 변화는 중국의 변화라고도 표현한다. 예를 들면 왕징 발전은 베이징의 외지인과 부동산중개소의 증가로 연결되면서 다양한 상권을 형성하였다. 거리는 활력이 넘치고 세계적으로 유명한 월마트나 프라이스마트 그리고 한국의 롯데마트 등이 입점하였다. 이와 동시에 중국의 조그마한 슈퍼마켓들이 사라지고 중국토종의 대형슈퍼브랜드가 들어서면서 외국브랜드의 대형마켓과 상호 경쟁을 하고 있다. 따라서 중국인에게서 불만을 느끼게 하였던 서비스는 점점 사라지게 되었고 우리나라와 같은 수준의 서비스를 받을 수 있다. 이처럼 중국도 점점 변하고 있음을 여러 곳에서 느낄 수 있다.

난 왕징이 좋다. 중국의 심장인 수도인 베이징에서 한국인이 모여서 산다는 것은 정말 대단한 일이다. 한국보다도 약 90배 이상 큰 나라에서 자랑스럽게 한국인이 많이 거주하는 지역이 있다는 사실에 학교를 오가며 뿌듯함을 느낀다. 그리고 한국인과 중국인이 함께 호흡을 하고 생활한다는 것은 중국 속에서 한국정신을 심는 것이다. 물론 이 과정에서 나쁜 점도 있지만 좋은 점이 더욱더 많을 것이다.

그러나 2008년 말 세계 글로벌 경제위기에 왕징의 많은 한국인이 귀국하였다. 그 중엔 내 친구들도 많이 있었고 우리 집도 상당히 어려웠다. 한국식당에도 할인광고가 큼직하게 붙어있었고 한국인도 외식을 하거나 바깥에서의 약속은 두세 번 생각하게 하였다. 당시에 난 인민폐의 위력을 조금씩 이해하기 시작했다. 아시아를 대표한다고 생각했던 한국 돈의 가치는 추락하고 있었지만 인민폐는 전혀 변동이 없었다. 중국이 한편으로는 부러웠다. 당시 왕징의 한국인은 이구동성으로 여기저기서 어렵다고 하였다.

전 세계는 글로벌경제위기를 서서히 극복할 것이다. 한국도 마찬가지일 것이다. 왕징의 한국인도 경제상황이 좋아질 것이다. 난 한국인이고 지금까지 10년 이상 베이징에 거주하면서 한국인의 다양한 위대한 모습들을 보아왔다. 멀지 않아 이곳 왕징도 다시 한국인이 돌아오고 얼굴에 웃음을 보이는 여유로운 모습을 길에서 만날 수 있을 것이다. 미래 한·중관계가 발전할수록 재중한국인은 다시금 중국에서 시작할 것이다. 그리고 최후에 승자가 될 것으로 확신한다.

Chapter 7
아파트변화와 보안원누나

| 중국이야기

　베이징에서 와서 두 번째 이사한 곳이 지금까지 살고 있는 왕징(望京) 지역으로서 이사올 때만 하여도 주변에는 아파트가 별로 없었다. 처음 살았던 아시아선수촌(亞運村)지역도 마찬가지였다. 도로도 지금처럼 잘 정비되어 있지 않았다. 지금의 베이징 4환도로는 2차선으로서 우리나라의 조그마한 도시의 도로처럼 협소하였다. 이러한 분위기는 중국이 베이징올림픽을 유치하고 나서부터 하루가 다르게 변하였다. 변화의 속도는 글로서 표현할 수 없을 정도였다.
　내가 베이징에 처음 왔던 1999년 9월에는 외국인이 합법적으로 거주할 수 있는 아파트가 따로 있었으나 일부 한국인은 보통 중국인이 거주하는 아파트에도 거주하였다. 당시 중국의 아파트는 우리가 상상하던 그러한 시설을 갖추고 있는 한국의 아파트와는 달랐다. 한국아파트의 특징은 온돌바닥에 계절에 관계없이 언제든지 온도를 조절할 수 있어서 추위와는 전혀 관계가 없었으나 중국은 우리와는 달랐다. 중국아파트는 중앙공급식으로 스팀형식의 온열기가 각 방마다 설치되어 있는데 우리와는 달리 바닥의 따스함을 느낄 수가 없고 온도도 조종할 수가 없었다. 중국은 전 중국이 비슷한 시기에 열을 공급하고 동시에 중지한다. 처음에 어머니는 이러한 환경에 적응하지 못해 감기에 걸려 고생하였다. 후에 아버지로부터 중국 남방에서는 중국국가의 에너지 정책차원에서 집을 지을 때부터 이러한 이유로 온열기를 설치하지 못해 겨울나기가 상당히 힘들다는 말씀을 들었다.

그러나 중국의 올림픽유치와 동시에 부동산개발 바람이 불면서 눈부신 변화가 시작되었다. 새로 건설되는 아파트와 현대식 건물들이 곳곳에 웅장하게 건설되었고 베이징을 넘어 전 중국으로 확대되고 있었다. 어떻게 건물을 이렇게 빨리 지을 수 있으며 어떻게 하면 규모를 크게 지을 수 있는지 정말로 신기하였다. 등하고 하면서 매일 창문 밖으로 보여지는 새로운 변화에 그저 놀라울 뿐이었다. 부모님께 여쭤 보아도 그것이 중국의 현실이고 앞으로 더욱 크게 변화할 것이라고 하시면서 나도 눈으로 잘 보고 미래를 생각해보라고 말씀하셨다. 그 뜻을 처음에는 이해할 수가 없었으나 베이징의 변화를 보면서 왜 그렇게 말씀하셨는지를 이해할 수 있었다.

시간이 지나면서 아파트가격과 부동산가격이 엄청나게 오르고 동시에 위엔화 가치가 우리 생활에 위협을 줄 정도가 되었다. 아버지께서는 한국이 1997년과 1998년의 IMF(국제통화기금) 체제와 2008년과 2009년의 글로벌 경제위기로 한국 돈 원화가치가 중국위엔화 가치에 약 2배정도로 역전 당했다고 말씀하셨다. 그 차이가 점점 더 커질 것이라고 하니 순간적으로 앞으로 중국에 거주하는 한국인이 걱정스러웠다. 위엔화 가치상승은 한국인의 중국거주를 힘들게 하여 귀국하게 하거나 제3국으로 발길을 돌리게 할 수도 있다. 중국은 세계 최고의 외환보유국으로서, 세계 최강국인 미국의 위엔화 평가절상을 주문 받고 있다. 위엔화 평가절상은 한국을 비롯한 아시아 국가에 상당한 부담을 가져다 줄 것이라고 매스컴에서 들었는데 나도 걱정이 되었다.

　현재 우리 집도 베이징에서 월세로 살고 있다. 중국은 우리가 얘기하는 전세가 없기 때문에 내 집을 구입하지 않는 이상 대부분 보증금 한두 달치에 월세로 살고 있다. 우리 집 주인은 중국의 의사로서 상당히 젊은데 집이 몇 채가 된다고 어머니께서 말씀하셨다. 이렇게 비싼 집을 어떻게 몇 채나 살 수 있었을까 하고 부러움 반 의심 반의 생각을 하기도 하였다. 길에서 부동산중개소 앞에 붙어있는 아파트가격을 보면 정말 깜짝 놀랄 수 있다. 가끔 친구들과 한국 돈으로 계산해보면 정말 큰 돈이었다. 우리는 중국인 노동자의 평균월급으로 과연 이러한 집들을 살 수가 있을까 하는 의문이 들었지만 아직까지 우리나라와는 평균적으로 월급이 여전히 5~6배 차이가 난다. 그런데 이들은 몇 억짜리 아파트와 별장 등의 건물들을 사고판다니, 이들의 구매경제력은 어디서 나오는 것일까? 과연 이들의 개인 평균수입이 우리보다 적다는 것이 맞는 것일까 하는 의문은 우리가 앞으로 중국을 연구해야 할 부분이라고 생각한다.

중국의 아파트는 진화하고 발전할 것이다. 그것도 엄청나게 무서운 속도로 발전해나갈 것이다. 지금 중국은 한국의 아파트처럼 온돌을 설치한 아파트가 유행하면서 지어지고 있다. 내부장식도 상상을 초월할 정도로 화려하게 장식되고 있다고 한다. 중국은 우리와는 달리 아파트를 장식하지 않고 외형만 지어서 판다. 구매자는 그러한 아파트를 사서 실내를 직접 설계하고 장식한다. 일부 중국인은 이러한 내부장식에만 우리 돈으로 몇 억씩 쓰는 집도 있다 하니 정말 놀라웠다. 우리가 살고 있는 집도 내부장식과 집기는 중상류 이상이라고 생각한다. 우리 집 주인도 집을 구입하고 장식하고서 기본집기를 갖춘 후 임대를 한 것 같다.

우리 집 주위에도 계속 아파트가 건설 중이고 대형상점이 들어서고 있다. 이러한 아파트와 대형상점에 보안원이 있다. 우리나라의 경비원과 같다. 우리나라에서는 대부분의 아파트의 경비원은 나이가 드신 분이 대부분이지만 중국은 이와 반대다. 바로 대부분 젊은 사람들이 보안원이다.

처음엔 고개를 갸우뚱했다. 우리나라와 달리 젊은 사람들이 아파트 경비와 관리를 한다는 것이 이해가 되지 않았다. 대부분 20살 좌우로 보이는 젊은 사람이 대부분이다. 보안원 중에는 여자보안원도 많다. 우리가 살고 있는 아파트에 문 앞을 지키는 대부분의 보안원들도 젊은 아가씨들이다. 처음에는 어색하고 얼굴을 마주하기가 부끄러웠다. 시간이 지나면서 점점 친근감이 들었고 그들은 우리가 한국임을 알고 항상 웃으면서 맞아준다. 특히 문을 열어주거나 무거운 물건을 들고 올 때면 얼른 다가와 웃으면서 무거운 물건을 들어주곤 하였다. 어머니께서도 항상 당부하는 말씀이 언제라도 웃으면서 친절하게 그들을 대하라고 하셨다.

내가 보기에는 한국에서라면 고등학교나 대학교를 다닐 나이지만 이들은 고향을 떠나서 보안원으로 근무했던 것이다. 이들은 중국 전 지역에서 온 외지인들로 도시로 일자리를 찾아 고향을 떠나온 젊은이들이다. 바로 먹는 문제해결을 위해서 고향을 떠났던 것이다. 중국은 가장 많은 인구를 가진 국가이다. 중국의 국력이 점점 강해지고 국제적으로 지위가 향상될지라도 인민들 개개인은 그러하지 못하다. 농민들의 1년 수입은 농촌을 떠나 도시에서 근로자로 일하고 있는 농민공의 수입보다 적다. 농민공들은 현재 중국 농촌의 현실을 말하고 있다. 농민공들의 희생이 없었다면 오늘날 중국의 거대한 변모는 어려웠을 것이다. 그러나 약 2억 명의 농민공들 수입이 없었다면 오늘날 중국 농촌의 현실은 비참했을 것이다. 이들의 수입은 농촌을 발전시킨 기초가 되었고 농촌 수입의 절대적인 부분을 차지하였다.

매일 만나는 보안원 누나, 형들도 같은 처지일 것이다. 농촌에서는 일자리가 없거나 수입이 적어서 고향을 떠났을 것이다. 이들은 1년에 한 번 또는 2년에 한 번 고향을 간다. 그 이유는 고향까지 가는 비용도 문제지만 거리가 멀기 때문이다. 중국도 춘절(우리의 음력설)기간에 휴식시간이 옛날보다 점점 짧아지고 있다. 이는 매년 일정 정도 이상의 중국 경제 발전만이 중국공산당의 집권을 보장할 수가 있기 때문에 휴식시간도 짧아지고 있다. 중국도 2008년~2009년 글로벌 경제위기 때 실업률이 아주 심각했다. 가장 먼저 농민공들과 하급직 직원을 감축하였는데 이때 우리 아파트의 보안원이었던 누나들도 실직 당했다는 말을 들었다. 그래서인지 평상시에 눈인사를 하면서 보아왔던 누나들 중 몇 명이 보이지 않았는데 아마 같은 이유로 귀향했거나 이직을 했을 것이다.

현재 우리 아파트에는 보안원 누나들이 교대로 근무하고 있다. 아마 한국에 있었더라면 대학교에서 미래의 꿈을 키우고 있을지도 모르는데 하고 가끔 생각할 때도 있다. 그러나 현실은 그러하지 못하였다. 언젠가 중국도 인민들의 생활수준이 향상되고 교육에 더욱더 관심을 갖게 된다면 아파트의 보안원 누나들이나 형들 대신에 우리나라와 같이 퇴직하신 할아버지들을 볼 수도 있을 것이다. 현재 중국의 교육열은 대단하다. 중국도 공부를 잘해야 만이 사회적으로 성공할 수가 있고 또 훌륭한 직업을 가질 수 있다. 이러한 사회적 분위기는 중국인의 생각을 한 단계 업그레이드시켰고 중국사회가 아주 빠르게 변화하는 원동력이 되었다. 이러한 변화는 현재의 중국 젊은 보안원들도 대학캠퍼스에서 열심히 공부할 수 있는 동기가 될 수도 있을 것이라고 생각해볼 수도 있다.

Chapter 8
의심의 나라

| 중국이야기

    베이징에서 만나는 중국인은 참으로 의심이 많다. 내가 처음 왔을 때와 10년이 지난 오늘날까지 의심과 관련해서는 큰 변화가 없다. 중국은 고대에도 마찬가지였을 것이다. 베이징에서 중국인이 일상생활에서 가장 많이 사용하는 말이 '비에피앤워(別骗我 : 나를 속이지 마라), 피엔즈(骗子 : 사기꾼)'이다. 이러한 말들은 우리는 함부로 사용하지 않는다. 하지만 중국에서는 아주 일반적이다. 이러한 원인은 13억의 다양한 민족과 거대한 영토로부터 시작하여 중국인 각자 생존문제와 직결되었기 때문이라고 생각한다.

    중국에서는 가짜를 쉽게 볼 수도 만날 수도 있다. 특히 우리가 부러워하는 세계 유명 명품의 모조품도 중국에서는 값싸고 아주 쉽게 살 수가 있다. 중국정부는 13억 인민들의 생계를 해결해줄 수가 없기 때문에 적극적으로 이들을 단속하지 않는다. 중국인은 개혁·개방 이후 초보적인 자본주의를 경험하면서 공산당이 안배하였던 철밥통이라는 자리를 버리고 돈을 벌기 위해서 현실적인 직업으로 전환하였다. 이와 동시에 중국정부도 인민들의 안정적인 직업을 보장해주지 않게 되면서 중국인의 직업도 다양화되었다. 직업의 다양화로 모조품 생산은 더욱 활성화되었으며, 이러한 모조품들이 중국거리에 넘치고 초보적인 자본주의 시장문화가 활

성화되면서 중국인 사이에 의심하는 말투와 습관이 더욱 확대되었다.

나는 중국을 대표하는 여러 편의 문학을 읽었다. 문학에서도 의심의 이야기가 계속되었다. 아마 한국인이라면 한번쯤은 읽어보았을 삼국지에서도 의심과 배신의 권모술수 이야기가 참으로 많다. 특히 중국인은 인간관계에서도 절대 서로를 믿지 않는다. 우리 한국인은 처음 만나 대화하고 식사를 하면서 흉금을 나눈 후 관계가 급속히 발전하는 경향이 대부분이다. 이와는 달리 중국인은 우리와 같은 상황에서도 절대로 자신의 마음을 모두 말하지 않는다. 중국인은 언제나 자신을 솔직하게 표현하지 않는데 이는 이후에 문제가 있을 시 자신만은 살기 위해서이다. 아버지께서도 사업관계에서 중국인과 계약서에 서명하였더라도 끝난 것이 아니라고 말씀하신 적이 있었다. 중국인들은 계약서에 서명하였더라도 언제나 상황에 따라서 자기중심적으로 계약서를 변경할 수도 있으며, 특히 경제적인 이해관계가 개입되는 계약은 마지막까지 결코 믿어서는 안

된다고 하셨다.

　중국인의 손재주 기술은 참으로 뛰어나다. 친구들과 길을 가다가 우연히 사람들이 모여서 구경하고 있는 무명 예술가를 만날 수 있는데 대단하다. 아마 저러한 손기술이 오늘날의 중국을 있게 하였고 앞으로도 계속 발전할 것이라고 생각한다. 우리가 이들에게 관심을 표하면 우리가 외국인이라고 알아보고는 더욱더 신이나 자기의 묘기를 보여주고자 한다. 그리고 몇 마디 말을 주고받으면 그 사람은 자신소개를 열심히 한다. 그러나 중국인에게는 그렇게 하지는 않는다. 그러한 말들을 믿어주지 않기 때문이다.

　중국 대도시의 중국인들은 외지의 중국인들을 믿지 않는다. 이러한 그들을 처음에는 이상하게 보았으나 차차 그 뜻을 알게 되었다. 나라가 너무 크고 넓기 때문이다. 만약 베이징인과 외지인이 경제적인 문제가 생겨서 외지인이 도망을 가 버린다면 그 문제는 끝났다고 볼 수 있다. 만약 외지인이 가짜 호구(우리의 호적부와 유사)와 신분증을 만들었다면, 넓고 넓은 중국에서 이들은 찾을 수가 없다. 중국에서 신분증과 호구는 쉽게 만들 수가 있다. 그리고 중국인들은 어느 성 출신이냐에 따라서 사람을 평가한다. 지방출신 중국인들은 생존문제로 인하여 고향을 떠나서 도시로 몰려온다. 도시에서 정상적인 일을 구하기 어려운 것은 현재 중국의 현실로서, 이들 중 일부분은 결국 불법적인 일을 할 수 밖에 없다. 베이징의 도로나 담벽, 전봇대에서 도장, 신분증, 졸업장 등을 만들어준다는 전화번호를 쉽게 발견할 수가 있다. 이러한 일들은 대부분 외지인들이 한다고 들었다.

　중국에서 만들 수 없는 것은 거의 없다. 중국인들 사이에 술과 담배를 감사표시로 전하곤 하는데 그 가격이 중국인들의 한 달 월급을 초과해 놀라움에 입이 벌어지기도 한다. 특히 중국인들 사이에 가장 우호적으로 권하는 담배를 보면 그 사람의 현재 생활수준과 신분을 알 수 있다고 한다. 따라서 담배는 가짜가 많다고 한다. 가짜 한국담배도 거리에서 버젓이 팔리고 있다고 들었다. 이러한 사회적 분위기로 중국인들의 의심하는 말과 행동은 자연스럽게 중국 사회에 일반화가 되었다고 생각한다.

무명 중국인의 잔잔한 손기술로는 경제발전속도에 따라가지 못하면서 불법적인 일에 관심을 갖게 하였을 것이다. 이로써 중국에서는 자연히 전 사회에 의심이 일반화가 되었을 것이다. 중국정부도 매스컴과 학교를 통하여 지속적으로 교육하고 있지만 아마도 상당한 시간이 필요로 할 것이다. 13억이라는 인구와 광활한 영토는 오랜 시간을 요구하기 때문이다. 특히 중국인의 빈부격차가 확대될 가능성은 중국인 개개인에게 경제적 조급함으로 불법적인 일을 하게끔 할 가능성이 높다. 정부조차도 이들의 조급함을 해결해줄 수도 속도를 조절할 수도 없을 것이다. 오늘도 중국인은 아침에 집을 나오면서 의심과 함께 살아갈 지도 모른다.

Chapter 9
중국에서 친구의미

| 중국이야기

　중국에서 친구는 아주 특별한 의미가 있다. 중국인과 친구가 되기도 어렵지만 관계유지는 더욱 어렵다고 생각한다. 우리나라와는 달리 중국에서 친구는 남녀노소와 지위 및 연령에 관계하지 않는다. "당신은 내 친구다"라는 이야기를 중국인으로부터 듣기까지 시간이 필요하다. 여기서 우리는 이해관계를 배제해야 한다. 혹자는 중국인은 경제적 이해관계에 따라서 친구를 얘기한다고 하지만 나는 그 이상의 의미가 있다고 생각한다.
　보통 우리는 남녀가 이별을 한다면 좋지 않은 감정으로 다시는 절대로 보지 않겠다고 말한다. 그러나 중국인은 상호 연락하고 도움을 주고받으며 평생 친구로 남는다. 어쩌면 우리와는 관념이 다르다. 난 중국 친구가 이러한 이야기를 할 때 처음에는 이해가 안 되었다. 중국 친구에게 어떻게 그렇게 할 수가 있냐고 조용하게 물었는데 친구니까 하고 간단명료하게 답하였다. 그리고 슬플 때나 기쁠 때, 언제 어디서나 개인감정을 우선시해서는 안 된다고 하였다. 나는 중국 친구의 말을 듣고 곰곰이 생각해보았다. 중국인의 친구의미는 우리가 이해하기 어려운 점도 있지만 진정성과 순수성 및 의리가 깔려 있었다.
　중국의 경제발전은 중국인의 본래 친구의미도 변화시키고 있다. 중국 젊은 여성들은 사랑보다도 남자의 경제능력을 우선시 한다. 이러한 중국인의 의식변화는 중국 매스컴의 일면을 장식하고 있다. 공개결혼 구인광고, 노스승과 제자와의 결혼 그리고 우리 사회에서는 도저히 이해할 수 없는 부녀지간 연령차이의 친구관계 등의 기사를 접할 수 있다. 요즘은 더욱더 기사화되고 일반화되고 있음을 보고 들을 수 있다.

다른 한편으로는 중국인이 친구라고 말할 때 처음부터 진심으로 생각하지 말아야 한다. 요즘 중국인이 말하는 친구는 자신들의 경제적 이익에 따라서 의미가 변하고 있다고 있다. 경제문제를 우선하는 친구관계는 어긋나면 회복하기 어렵다. 그들과 경제문제로 감정이 상하였다면 친구관계는 끝났다고 생각해야 한다. 우리의 경우는 관계가 두터워질수록 의리와 믿음이 두터워진다.

부모님께서 하시는 말씀가운데 중국인과는 절친한 친구라도 부탁을 하거나 도움을 받았다면 상응하는 대가를 지불하는 것이 친구관계를 오랫동안 유지할 수 있다고 하셨다. 웃으면서 거절할 지라도 반드시 계산해주는 것이 좋다고 하셨다. 그냥 감사하다고 말로만 인사한다면 다음에 부탁을 하거나 곤란한 일이 있을 때에는, 그 이상으로 대가를 지불할 수

曹操/Cao Cao   关羽/Guan Yu

도 있다고 하셨다. 중국인과 평생 친구관계를 유지하기 위해서 보상이 있어야 한다는 것이다. 베이징에는 중국인으로부터 피해를 당한 한국인의 이야기를 많이 들을 수 있다. 이러한 이유 중 하나가 그들과 관계에서 친구의미를 우리 식으로 해석한 결과도 있을 것이다.

아버지는 중국인 친구가 많다. 아버지와 친구관계로 십 수년된 친구도 있고 짧은 시간 만났던 친구들도 있다. 옆에서 볼 때 아버지께서는 중국친구들을 중요하게 여기시지만, 중국친구들도 아버지를 평생 친구로 생각하신다. 내가 아는 중국교수님 중의 한 분은 한국에 계신 우리 할아버지와 비슷한 연세이시다. 그 분은 우리를 만나면 언제나 편안하게 해주신다. 오랜만에 찾아뵈면 웃음으로 따뜻한 차를 권하신다. 아버지께서는 담배를 못하시는데 그 분이 권하시면 일단 예로서 받는다. 아버지께서는 담배를 피워서 죄송하다고 하면 친구 사이는 괜찮다고 말씀하신다. 처음에는 이해할 수가 없었으나 지금은 그 뜻을 조금은 알 것 같다.

아버지께서 유학을 다닐 때 아버지 지도교수님이 초대해서 갈 때가 있었는데 아버지와 같이 공부하는 중국학생들이 교수님과 같이 담배를 피우거나 술잔을 한 손으로 자연스럽게 주고받는 모습을 보고서 충격을 받기도 하였다. 당시로서 나는 생각조차 할 수도 없었기 때문이다. 지금 곰곰이 생각해보면 그러한 상황은 중국문화의 일부분으로서 모두가 중국식 친구의미로 생각하기 때문일 것이다.

한국은 중국인과 함께 하고 호흡을 해야 한다. 따라서 그들이 생각하는 친구를 이해해야 한다. 다가오는 미래에 중국인의 친구 의미가 어떻게 해석될지 모르지만 우리는 그들이 생각하는 친구를 생각하고 관심을 가졌으면 한다. 현재에도 미래에도 우리는 중국과 함께 해야 하는데 그들도 우리와 같이 생각할 것이다.

Chapter 10
베이징 택시와 기사아저씨

| 중국이야기

    베이징의 택시는 눈부시게 발전했고 그 숫자가 점점 많아지고 있다. 조기 퇴직한 아저씨들의 구직이 어렵게 되자 택시운전을 하는 상황이 늘어나고 있기 때문이다. 여기에 기사아저씨의 서비스도 10여 년 전 중국과 비교할 수 없을 정도로 좋아졌으나 한 가지 변하지 않은 것은 기사아저씨의 칭찬이다. 때로는 오히려 칭찬이 너무 지나쳐서 민망스럽다. 칭찬은 고래도 춤추게 한다는 책제목과 같은 뜻으로 이해하면 좋겠으나 이러한 뜻과는 거리가 있다. 여기서 중국인의 특징을 생각해볼 수 있다.
    중국인은 낯선 사람이나 외국인을 만나면 관심을 표시하고 만약 중국어라도 조금 할 수 있다면 중국어를 정말 잘한다고 몇 번씩 반복하면서 칭찬을 반복한다. 어떤 때는 무안할 정도여서 사람을 당황스럽게도 한다. 중국에서 유학하고 있는 자식들을 위해 잠시 베이징에 오신 부모님들은 이러한 중국인의 기질을 알지 못하고 택시 기사아저씨가 아들·딸에게 중국어를 잘 한다고 칭찬을 하면 부모님은 기뻐하시는 것 같다. 중국인은 남에 대한 칭찬은 인색하지 않는다.
    이러한 중국인의 칭찬은 중국을 대표하는 고대문학인 삼국지와 여러 중국 영화에서도 잘 알 수 있다. 문학과 영화에서 나오는 수많은 인물들은 지나치다 싶을 정도의 예로서 타인을 추천하는 내용을 볼 수 있다.

이들이 인용하는 언어는 최고의 수사(修辭)를 사용한다. 그 이유를 곰곰이 생각해보면 아마도 본인 생명과 직결되기 때문이라고 생각한다. 거대한 중국은 수많은 나라가 만들어지고 사라지면서 매일 전쟁 속에서 살아왔다. 따라서 아군이 필요했으며 각자가 생명을 유지하기 위해서는 부드러운 표정과 언어를 사용했을 것이다. 오늘날까지 이러한 수식어와 표현방법은 전달해오고 있다. 물론 지금 상황은 옛날과는 다르다. 옛날에는 생명유지를 현재는 생계유지를 위해서 웃음과 친절로서 상대방을 즐겁게 해주는 현실에 적합한 립싱크가 필요할 것이다.

어느 날 부모님과 함께 택시를 타고 외식을 하러 갔다. 가는 중 기사아저씨는 한국인임을 아시고 한국관련 이야기를 열심히 하셨다. 한국 연속극을 매일 즐겨보고, 노래도 듣고, 정치와 경제도 관심이 많다고 하셨는데 정말 한국관련 일들을 많이 알고 계셨다. 특히 한국과 일본을 비교하면서 일본인과 일본에 대해서는 좋지 않은 이야기를 하셨다. 중국인도 일본

에 대한 역사와 감정을 우리와 같이 동일한 감정을 가지고 있다. 비슷한 시간에 우리나라와 같이 일본으로부터 피해를 받았다. 중국도 학교 역사시간에 과거의 일본의 잔혹했던 역사를 교육하고 있다. 나는 당시 역사관련 이야기와 감정을 기사아저씨를 통해 색다르게 들을 수 있었다.

이와는 달리 어떤 기사아저씨는 정말 싫다. 매일 난 등·하교를 몇몇 친구들과 함께 한다. 요금은 기본요금 밖에 나오지 않는다. 집 앞에 주차하고 있는 기사아저씨는 대부분 내가 다니고 있는 한국국제학교를 알고 있다. 그런데 어떤 날은 학교위치를 모른다면서 빙 돌아서 가시는 분도 있다. 가는 길을 말해도 못 들은 척하고 다른 길로 빠질 때는 종일 기분이 나쁠 때도 있었다. 때로는 기사아저씨에게 조목조목 따져서 기본요금만 주고 내릴 때도 있었다. 올림픽 기간 동안 이런 상황은 없었는데 끝나자마자 가끔 이전상태로 돌아가는 기사를 만나기도 하였다.

베이징의 기사아저씨로 하여금 우리의 옛날모습을 찾아볼 수 있다. 공항에서 왕징의 우리 집까지는 거리가 가깝다. 공항에서 택시를 타고 왕징까지 가자고 하면 대부분 기사아저씨들의 인상이 변한다. 공항에서 몇 시간씩 기다려 거리가 가까운 곳에 가려니 짜증나기 때문이다. 정말 친절한 분도 계신데 당연한 일임에도 불구하고 오히려 감동해서 고마운 마음에 차비를 좀 더 줄 때도 있었다.

가장 기억에 남는 이야기는 아버지께서 공부하실 때 신학기에 학교등록을 마치고 택시로 돌아오는 길에 여권을 두고 내리셨다. 당시 한국여권을 잃어버리면 찾는다는 것은 거의 불가능한 일이다. 한국여권은 불법으로 매매가 가능하였기 때문이다. 지금도 중국에서 여권을 잃어버리면 상당히 곤란하다고 얘기를 들었다. 중국에서 여권분실은 여권매매의 오해로 연결되기도 할뿐만 아니라 기록으로 남는다고 하셨다. 베이징에서 여권 재발급 수속절차도 복잡하고 상당한 시간과 불필요한 절차가 요구된다고 알고 있다. 당시 아버지께서는 베이징교통방송국에 연락하여 여권 분실을 광고하였다.

집에서 걱정하시던 중 저녁쯤에 전화가 왔다. 기사아저씨가 아버지학교로 연락하면서 학교에서 여권습득을 통보하였다. 그 기사 분의 연락처를 받아서 통화를 하였다. 밤늦게 우리 집 앞까지 오셔서 여권을 돌려주셨다. 감사표시를 하려고 했지만 그 분은 집까지 오신 교통비만 받으시고 아버지가 꼭 공부를 마치고 귀국하여 잘 되길 바란다고 덕담까지 하셨다. 기사아저씨는 북경대학에서 택시를 탄 아버지가 그 학교 학생일 거라 생각하고 학교로 그리고 대학원으로 전화하여 아버지가 학생임을 확인하고 본인 연락처를 학교에 남겼는데 학교가 아버지께 연락하셨던 것이었다. 10여 년이 훨씬 지난 지금도 부모님은 그때 그 기사아저씨의 고마움을 말씀하신다.

베이징택시는 베이징올림픽 이후에 서비스와 환경이 몰라보게 변하였다. 그들은 치열한 경쟁을 위해서 더욱 친절해지고 있음을 피부로 느낄 수 있다. 우리나라도 1988년 올림픽을 지나면서 택시가 더욱 발전하였다고 알고 있다. 베이징 수도공항에서 만나는 택시는 점점 깨끗해지고 서비스도 좋아지고 있다. 중국의 발전과 세계인의 중국방문이 증가한다면 동시에 기사아저씨들의 표정도 서비스도 좋아질 것이다. 오늘도 집 앞에 줄 서있는 택시들을 만난다. 기사아저씨들이 손님이 많아서 즐거운 맘으로 귀가하시길 빌어본다.

Chapter 11
베이징 UN 모의총회 참가일기-1

| 중국이야기

며칠을 설레면서 3박4일 동안 지낼 준비를 했다. 전 세계에서 1500여 명이나 되는 각국 학생들이 베이징 UN 모의총회(MUN)에 참가한다는 소식이 나의 호기심을 끌어당긴 바로 그날이 온 것이다. 친구들과 있을 때는 MUN 얘기만 하면 웃음이 절로 나왔는데 막상 개최 날이 다가오니 오히려 내 영어 실력으론 부족하지 않을까, 과연 다른 애들은 어떻게 할까 하는 걱정이 앞섰다. 개최 일에 참가학생들과 함께 베이징에서 약간 떨어진 개최장소로 출발했다. 우리는 몇 시간 후 버스 창문 밖으로 보니 꼭 천안문이나 자금성, 만리장성처럼 중국의 유명한 명소를 떠오르게 할 정도로 멋진 장소에 도착했다. 이름도 크기의 걸맞게 '천하제일성(天下第一城)'이란 호텔이었다. 호텔외모는 좀 촌스런 느낌도 들었지만 중국어로 발음하고 뜻을 살펴보니 규모는 상당히 어울리는 이름이었다.

호텔 입구에 들어서자마자 눈에 띄는 건 로비를 꽉 채운 MUN 참가자들이었다. 이상하게 영어보다 중국어가 더 많이 들려서 의아한 생각이 들었는데 나중에 알고 보니 참가학생 1,500여명 중 1,200여명 이상이 중국인이라는 것이다. 이미 중국인은 10여년이나 만났다. 다양한 나라의 사람들을 만나고 싶었던 나로선 약간 실망이었다. 호텔 입구에서 뭐를 먼저 해야 할지 몰라서 멍하니 있다가 각자 방 카드를 받고서 순간적

으로 앞으로 헤쳐나갈 일이 막막했다. 왜냐하면 인솔하는 선생님이 안 계셨기 때문에 하나부터 열까지 모든 일을 우리 스스로 해결해야 했기 때문이었다. 시간이 지나면서 처음으로 평소에 학생들을 걱정해 주시는 선생님들의 고마움을 느꼈다. 선생님이 안 계신 우리는 참가한 학생 모두가 한마음으로 단결하고 힘을 합해야 한다. 선생님의 부재는 선생님들의 고충을 이해할 수 있어서 나를 반성하는 계기도 되었다.

방 정리를 다하고서 나와 친구는 참가일로 앞장서서 적극적으로 뛰어다녀서 오전 12시가 되기 전에 지치기 시작했다. '앞으로 10시간 동안 어떻게 되려나' 하는 걱정을 안고 1시에 개회식을 보러 갔다. 로투스 홀(Lotus Hall)에 도착하자마자 바로 느껴지는 기분은 '개미 떼, 사람 떼……'였다. 로투스 홀은 축구장만큼이나 컸다. 특히 바다를 떠오르게 할 만큼 천장의 색과 하얗고 은은한 거대한 조명, 그 조명 주위로 별 같이 수많은 작은 조명들은 로투스 홀과 아주 잘 어울렸다. 우리 그룹이 앉은 곳은 뒤쪽이라

그런지 앞에서 공연하는 사람의 2배정도 큰 호랑이 퍼포먼스가 마치 생쥐 인형극으로 착각할 정도로 작게 느껴졌다. 그렇게 개회식 공연이 끝나고 4시간 동안 MUN 소개를 했다. 말이 학교 대표이지, 외국인에게 한국인의 이미지도 연관되기 때문에 정말 집중해서 들었다. 그러나 4시간 동안 MUN 소개만 했는데 소개가 끝나고 디너타임을 알리는 관계자의 말이 들림과 동시에 오만상을 찌푸리며 바로 화장실로 달려갔다.

  첫 날 저녁 식사는 뷔페 테이블 위에 맛있는 음식이 준비되었을 것이라고 기대 반 설렘 반으로 식당으로 갔었는데 이러한 기대와 설렘과는 달리 햄버거를 주었다. 햄버거를 싫어하진 않지만 이런 자리에서까지 햄버거를 먹어야 하냐면서 우리는 불평도 하였지만 배가 고파서인지 모두가 맛있게 먹었다. 저녁 시간에 다시 로투스 홀에 가는데 중국인 몇 명과 외국인 몇 명이 나한테 길을 물어왔다. 아, 그러고 보니 MUN에 참가해서 외국인으로부터 많이 받은 질문 중 하나가 혼혈인이냐라는 것이었다. 그래서인지 중국인이 나한테 질문을 할 때 영어로 대화하곤 했는데 영어가 막히면 중국어로 설명하곤 했다.

  중국에서 오래 살아서인지 그들에게도 내가 말하는 중국어가 아주 자연스럽게 들렸는지, 주위 학생들이 중국어도 할 줄 아느냐면서 놀라워했다. 그날 나는 혼혈이 아닌가라는 질문과 대답을 적어도 100번은 한 것 같다. 중국인인지 일본인인지 미국계 혼혈인지는 하는 질문에 '피부만 하얗다면 미국계 혼혈이란 말을 가장 먼저 들었겠다'고 생각하면서 마음속으로 웃었다.

  저녁에 로투스 홀에서 다시 4시간 동안 참가 학생들의 국가소개가 진행되었다. 정말 내가 의자인지 의자가 나인지 느껴질 정도로 파김치가 되었다. 적게는 한 명 많게는 몇 십 명이 한 나라를 대표했는데 1분 동안 설명하는 식이었다. 말이 155개 국가이지 그 국가에 상관 없이 아무 나라 사람이나 그룹별로 정해진 한 국가의 대표가 되어 소개를 했다. 그런데 내가 대표한 나라는 대한민국이 아니라 아프리카의 코티디부아르(Cote d'ivoir)였는데 대표자가 나하고 내 친구 밖에 없어서 코티디부아르를 좀 더 잘 아는 내 친구가 소개를 했다. 평상시 같았으면 1분 스피치를 하며 당황하는 내 친구를 보면서 같이 웃었겠지만 그때는 초조하기만 했다. 그러나 그 4시간은 생소한 나라가 많았던 만큼 낯선 국가소개를 들을 때마다 눈과 귀를 넓혀주는 새로운 경험을 하였다.

UN총회의 신문부서(Press)를 책임지고 있는 친구 둘은 소속된 관계자가 일을 너무 좋아하는 사람이라서 새벽까지 일을 하는 어려움을 경험하였다. 이렇게 첫째 날, 우리는 오늘 어땠냐, 모두 수고했다 등 하고 싶은 말들이 서로 많았지만 모두 파김치가 되면서 말할 틈도 없이 바로 침대에 쓰러졌다.

Chapter 12
베이징 UN 모의총회 참가일기-2

| 중국이야기

아침부터 끔찍했던 하루였다. 9시까지 회의장에 가야 되는데 어제의 피곤으로 8시 반에 일어난 것이다. 우리의 몸은 물 먹은 솜처럼 무겁기만 했다. 아침 식사를 포기하고 3시간 동안 진행되는 회의에 참가하였는데 정말 고문이 따로 없었다. 어떤 참가자는 영어를 하다가 막히기도 했다. 그때는 배고픔과 짜증을 동시에 느끼면서 나도 저렇게 될지도 모른다고 생각하면서 간신히 참았다.

회의가 진행되면서 린밍이라는 중국 친구를 알게 되었는데 짧은 까까머리(사실 대부분의 중국인 참가자들은 머리가 다 짧았다)에 키는 최홍만을 떠올릴 만큼 컸다. 그는 몸집에 비해 눈이 작아 소심해 보이는 친구였는데 옆자리에 앉아 질문을 주고받으면서 우리는 금세 친해졌다. MUN에 참가하면서 처음 보는 친구들이랑 인사를 하면서 가장 많이 주고받았던 질문이, 왜 MUN에 참가했냐는 것이었다. 회의가 끝나고 린밍과 서로 영어로 대화하면서 중국도 한국 못지않게 대학입시 경쟁이 엄청나다는 걸 알았다. 그리고 중국에서도 국제모임참가가 대학입학시험 때 가산점을 준다는 사실을 알았다.

린밍은 현재 중국 변화를 가장 잘 보여주고 있는 친구였다. 말투, 행동, 표정 등 모든 것이 다 일반적인 중국 사람과 확연히 달랐다. 한국과 달리 중국엔 음절마다 성조라고 하는 높낮이가 있다. 그래서 일반적으로 중국인의 말투가 고정될 수밖에 없고 부드럽게 말한다고 하여도 내리 꺾어서 내는 소리가 있어 듣기에는 꼭 화난 사람처럼 보인다. 중국인이 영어를 해도 중국말로 들리는 것도 같은 이유다. 하지만 린밍은 중국 공항에서 볼 수 있는 안내원이 길을 묻는 외국인에게 대하듯 사근사근했고 참가한 다른 중국 학생들도 그러하였다. 이러한 린밍이 함께 참가한 중국인 자기 친구들과 말할 땐 우리가 전혀 알아들을 수 없는 자기들의 지방 말을 하였는데 참으로 재미있었다.

모두가 MUN 첫째 날은 들떠 있었지만, 오늘은 거의 미쳐 있었다. 곧 시작되는 Global Village 축제 때문이었다. 축제가 진행되면서 각 나라의 춤, 음식, 옷 등은 내 눈을 어지럽혔다. 특히 스페인학생들의 남자와 여자가 함께 추는 춤과 미국에서 온 친구들의 세련된 춤은 정말로 호응이 컸다. 우리도 사물놀이공연을 준비했다. 그렇지만 공연이 저렇게 다 화려

한데 준비해 온 악기로 분위기만 떨어뜨리는 게 아닌가 하는 걱정으로 침울해 있었다. 우슈, 태극권, 힙합, 브레이크 댄스, 스페인의 정열적인 춤 등에 비하면 우리의 사물놀이는 너무 보잘 것 없다고 생각했기 때문이다. 게다가 맨 마지막이라 친구들의 부담감은 더욱 커졌다.

하지만 이미 수 차례의 사물놀이 공연으로 그 숨은 위력을 잘 알고 있었기 때문에 나는 걱정하지 않았다. 나는 사물놀이를 2년 동안 배우면서 이렇게 보잘 것 없고 낡아 보이는 악기들의 조화로움과 반응을 이미 경험했던 것이다. 초등학교 때에는 중국 CCTV에서도 공연하였는데 그 때 중국인도 놀라워했고 감탄했다.

그날도 사물놀이가 무대에 등장하자 관객들은 '쟤들 뭐야?' 라는 호기심과 무심한 표정으로 바라보았다. 나를 제외한 우리 팀원은 모두 '큰일 났다'라는 긴장된 표정으로 앉았다. 나도 몇 년 만에 공연해보는 사물놀이 무대이기 때문에 나만 느낄 수 있는 경련이 얼굴에 순식간에 한번 일어났었다. 우리의 주제는 한국의 부드러움과 강함이었다. 가야금을 시작으로 우리의 공연은 막을 올렸는데 마이크를 통해서도 소리가 거의 안 들렸다. 예상은 했지만 공연장에 있는 나도 안 들릴 줄은 몰랐다. 참가학생들이 술렁이기 시작했다. 대부분 '안 들려, 뭐야' 이런 표정이었다. MC도 이 분위기를 어찌해야 할 줄 모르는 표정이었다. 하긴, 어이가 없었을 것이다. 다른 국가의 공연 참가자들은 노래와 춤 등의 준비와 세부계획을 상세하게 들었다는데 우리는 단지 사물놀이만 하면 된다고 알고 왔다. 그러나 나는 중국의 CCTV와 학교 공연 등을 경험하면서 처음엔 이런 분위기였다고 생각하면서 속으로 즐기면서 웃었다. 5분 후에 일어날 관객들의 반전을 알고 있었기 때문이다.

가야금 연주가 조용히 끝나자 꽹과리가 울리면서 침묵을 깨는 반전이 일어났다. 이어서 장구가 빗소리로 북이 천둥소리를 내면서 그 운동장

만한 홀에서 태풍소리로 바뀌었다. 드디어 참가자들의 환호성과 여기저기서 박수갈채가 나왔다. 정신 없이 치는 것 같아도 리듬이 있고 조화가 있기 때문에 더욱 놀란 것이었다. 그 단조로운 소리로 5분을 쳐도 5분 동안 4가지 악기가 어우러져 나오는 소리는 계속 달라졌다. 쾅 하며 절도 있는 끝을 알리자 얼핏 듣기만 해도 가장 큰 환호가 우리에게 쏟아졌다. 그때서야 친구들은 내가 태평한 이유를 알았는지 날 향해 "와, 다행이다!"라는 안도의 말과 함께 웃었다. 공연이 끝나자마자 사진을 찍자고 참가학

생들이 야단이었다. 빨리 쉬고 싶다는 생각은 없어지고 모두가 사진모델이 되었다. 많은 학생이 우리의 악기를 쳐보고 싶어했다. 그때 정말, '가장 한국적인 것이 가장 세계적인 것이다'라는 말을 실감했다. 애국이란 이런 것일까? 하는 뿌듯한 마음으로 가슴이 터질 것만 같았다. 나는 긴 호흡을 한번 하고서 천천히 무대를 내려왔다.

　마지막 셋째 날 아침이 밝았다. 친구와 난 선생님의 공백으로 거의 기념사진도 못 찍었을 만큼 이번 MUN 참가는 바빴다. 아마도 모든 참가자가 그랬을 것이다. 첫째 날 그렇게 집중하였던 참가자들은 둘째 날,

셋째 날이 지나면서 집중력이 떨어졌다. 토론 회의에서 주제의 해결방법을 다양하게 토론한 후 결과를 도출하는 것이 정상인데, 둘째 날 오후에 참가학생 중 한 학생이 제시된 방법들을 토론 없이 투표로 결정하자고 하였다. 어이가 없어서 잠시 멍하여 있었는데 참가학생이 문제를 제기하면서 토의가 다시 진행되기도 하였다.

셋째 날 모든 회의가 끝나고 주체 관계자들의 노래제안으로 모든 참가자들이 자리에서 혹은 무대에 올라 함께하면서 분위기는 뜨거워졌다. 아쉽게도 디카를 방에 두고 가져오는 것을 잊어버렸다. 이번 MUN 때는 직접 많은 사진을 못 찍어서 정말 아쉬웠지만 참가한 친구들의 메일 주소를 주고받는 걸로 만족해야 했다.

MUN을 통해서 생각하면 학생 때 한 번쯤은 참가를 권하고 싶다. 참가하면서 느낀 점은 아직 많은 학생들이 한국에 대해서 자세히 모른다는 것이었다. 심지어 비행기로 2시간도 안 되는 중국도 마찬가지였다. 다른

한편으로 이러한 분위기는 나의 어깨를 무겁게 하였다. 그러나 총회참가를 통하여 세계 각국의 역사와 문화를 세심하게 공부해야겠다고, 아시아를 대표하는 인재가 되겠다는 나의 꿈을 다시 한 번 다짐하는 동기가 되었다. 만약 UN 모의총회가 있다면 난 주저하지 말고 꼭 참가해보라고 권유하고 싶다.

Chapter 13
혐(嫌) 한국과 신(新) 한류

| 중국이야기

1992년 한·중 수교 이후 중국인의 한국에 대한 생각이 점점 변하고 있음을 매스컴과 직접 생활경험으로 느낄 수가 있다. 한국과 한국인에 우호적이었던 중국인의 변화를 생각하면서 객관적 관점에서 쓰고자 한다. 몇 년 전만 해도 한류가 중국문화를 이끌고 있고 앞으로도 계속 그러할 것이라는 한국기사를 매일 만날 수가 있었다. 한류관련 기사는 일방으로 낙관적인 점만 보도하였다. 여기 베이징에 살고 있는 한국인 가운데는 그런 기사에 동의하시는 분도 있지만 이러한 기사와 보도를 걱정하시는 분도 많았다고 알고 있다.

중학교 1~2학년 때만 하여도 중국 TV에서 매일 한국드라마와 한국을 소개하는 프로그램이 방송되었다. 중국인 우리 또래와 형들은 한국가수와 노래에 열광하였고 한국산 제품을 갖는 것이 그들의 화제 중의 최고였다. 이러한 영향으로 한국유학을 꿈꾸는 형들도 있었다. 이웃에 사는 중국인도 매일 퇴근 후 한국드라마를 보는 시간이 가족 간에 함께 하는 시간이라고 하였다. 한국 유명가수들의 중국 콘서트는 중국 청소년들이

가장 보고 싶어하는 큰일이었다. 당시 한국인에 대한 호감도는 중국에 거주하는 외국인 중에 최고였다.

당시 한류(韓流)광풍은 한국인에게 중국문화에 대한 우월감을 갖게 하였다. 그러나 우리가 우월감을 가지면서 한국문화와 한국인에 대한 중국

인의 관념도 변화기 시작하였다. 한국인의 중국 현지 사회문제가 대두되면서 더욱 빠르게 변화하였다. 듣기로는 베이징에서 외국인 관련문제의 절반 이상이 한국인과 관련되어 있다고 한다. 중국과 중국인을 무시하는 말과 행동은 한국인이 가장 심하다고 중국인은 이야기한다. 몇 년 전만 하더라도 베이징에서 택시를 타면 기사아저씨들은 한국과 한국인에 대해서 매우 우호적이었다. 한국의 화폐가치, 한국제품, 양국 간 물가, 월급관련, 생활수준 등을 먼저 이야기하면서 최고의 표현을 하였다. 그러한 분위기에 우리는 기분이 좋았고 그것을 당연한 것으로 받아들였다.

내가 알기로 중국인은 면전에서 상대방을 욕하지 않고 상대방을 철저하게 알 때까지 본심을 표현하지 않는다. 정말 무섭다. 공자의 책에 '친구가 멀리서 찾아오니 즐겁지 아니한가(有朋自遠方來不亦樂乎)'라는 말이 있다. 이 말은 보통 중국인의 생각을 대표하는 것으로서 중국인 입장에서는 평상시 인사 정도이다. 이러한 중국인의 성향을 이해하지 못한 우리는 한류열풍을 잘못 해석하면서 거만함으로 변하였다.

우리들의 이러한 잘못된 해석은 혐 한류(한국을 혐오하는 기류)로 가는 가장 큰 원인이었다. 또한 조선족을 통해서 한국과 한국인의 좋지 못한 이

야기가 여과 없이 중국인에 전달되면서 혐 한국으로 전환되었다고 하는 사람도 있다. 조선족을 한국인이라고 착각하는 사람도 있다. 조선족은 중국의 소수민족으로서 중국인도 조선족을 한국인이라고 하면 인상을 쓰면서 부정한다. 만약 조선족을 한국인으로 인정한다면 민족문제의 원인을 제공하는 동시에 중국 분열의 원인도 될 수가 있다. 한중 수교 전에는 조선족은 중국에서 부각된 민족이 아니었으나 수교 후 중국에서 주목 받는 소수민족이 되었다. 한국과 중국의 양국 언어를 모두 할 수 있었던 조선족들은 엄청난 변화가 있었다. 당시 중국인은 조선족을 부러워하였고 한국도 동경하였다. 조선족은 한국을 중국에 빨리 소개하였고 양국을 연결하는 가교 역할도 하였다. 그러나 조선족은 중국인이라는 점을 기억해야 한다.

중국인은 한국인은 무례하고 시끄럽기 때문에 싫어한다고 한다. 우리도 중국인을 시끄럽고 배려심이 없다고 한다. 식당에서 중국인의 식사하

는 모습은 정말이지 시끄럽지만 우리와는 달리 선을 넘지 않는다. 중국인은 식사가 끝나면 다음날 출근을 위해서 집으로 가지만 일부 한국인은 1차, 2차, 3차로 밤늦도록 이어진다. 시간이 지나면서 목소리가 커지고 불미스런 일이 발생되거나 고성방가로 이웃에게 피해를 주기도 한다. 이러한 문제로 한국인이 밀집된 지역에서 문화적으로 충돌하기도 한다.

지금 다시 한 번 신한류(新韓流)를 위하여 준비해야 된다. 우선적으로 중국인과 함께 할 수 있는 공동문화가 무엇인지를 생각해야 한다. 2008년 베이징 올림픽을 성공적으로 마치면서 중국인은 중국문화에 대한 자긍심으로 충만해 있다. 올림픽 이후 중국문화는 전세계로 나아가고 있다. 올림픽에서도 전통적이고 자신감 있는 중국문화를 세계에 도전적으로 보여 주었다. 우리도 중국문화를 인정하면서 문화교류를 할 때만이 신한류 열풍을 중국에서 다시 한 번 볼 수 있다고 여겨진다.

Chapter 14
헤이처(黑車)와 산룬처(三輪車)

| 중국이야기

중국 수도인 베이징에는 헤이처(黑車 : 정상적인 택시가 아니라 자가용차로 영업행위를 하는 차)가 아주 많다. 올림픽 개최 전에는 산룬처(三輪車 : 자전거를 개조하여 만든 삼륜자전거로서 사람이 직접 발로 밟아서 이동하거나 모타를 착용하여 오토바이와 유사하게 움직일 수 있도록 개조하여 가까운 거리에 이용하는 차)가 아주 많았다. 나는 산룬처 타는 것을 아주 즐거워한다. 한국에서는 볼 수 없는 차로서 처음에는 산룬처를 운전하는 아저씨와 할아버지에게 아주 미안함을 느꼈다. 가까운 거리나 어머니와 시장을 가거나 할 때 이용하였는데 괜히 미안함으로 망설이곤 하였다. 아버지께서는 미안하여 이용하지 않는다면 그들은 그날 허탕쳐서 경제적으로 곤란함을 겪을 수가 있다고 말씀하셨다. 언제부터인가 나도 미안함은 사라지고 중국인과 똑같이 이용하고 있었다.

산룬처의 이용가격은 아저씨의 기분에 또는 한국인이냐 중국인이냐에 따라서 부르는 가격이 달라서 반드시 가격을 정하고 타야 한다. 한국인이 탄다면 일반적으로 조금 더 높게 부르곤 했다. 아무튼 나와 한국친구들과 외국인은 가까운 거리에 갈 때에 산룬처를 애용하였다. 그러나 올림픽 개최 몇 개월 전부터 중국정부의 단속으로 산룬처들이 거리에서 보이지 않았다. 거리에서는 중국 공안들이 이들의 불법영업행위가 올림픽 행사에 오점이 된다는 이유로 단속이 강화되면서 올림픽 이전 어느 날부터인가 우리 집 주위에서 산룬처가 자취를 감추어 버렸다.

산룬처의 사라짐은 중국의 두 가지 양면성을 볼 수가 있다. 하나는 국가의 가시적인 목적으로 최하층 생활을 하고 있는 이들의 어떠한 대책과 해결방법을 제시함이 없이 국가의 힘으로 통제하는 것이다. 이러한 모습에 줄지어 서있던 산룬처들은 어디로 갔을까? 아저씨들은 무슨 일들을 시작하고 있을 것인가? 하는 생각도 해보았다. 산룬처가 사라지면서 또 다른 형태의 영업행위를 하는 차가 점점 늘어났다. 경제적으로 여유가 있지만, 정상적 직업이 없거나 친척들로부터 돈을 빌려서 개인자가용을 사서 무허가로 영업하는 헤이처(黑車)가 도로변에서 호객행위를 하였다.

산룬처가 많았을 때도 이들 헤이처도 있었지만 산룬처가 사라진 지금에는 더욱더 많은 헤이처가 아파트 밑에서 손님들을 기다리고 있다. 헤이처는 옛날보다도 훨씬 비싼 차들이 즐비하였다. 때로는 차를 살 정도의 경제력이 된다면 이들이 꼭 이런 일들을 할 필요가 있을까 하는 생각도 하였다. 특히 중국의 실업률은 상당히 심각하고 월급만으로 만족할

정도의 생활을 할 수 없다고 알고 있다. 그래서 겹벌이를 하는 사람도 많이 있다고 들었다. 헤이처를 운전하는 아저씨들 중에서도 비번 날에 비싼 차를 아파트 밑에 세워두고 손님을 기다리는 겹벌이를 하는 분도 있을 것이다. 물론 헤이처도 중국국가에서 단속하는데 이유는 영업행위를 하면서 세금을 납부하지 않기 때문이란다. 중국의 문제 중 돈과 관련해서는 국가중심의 통제를 하고 있는 것 같다. 국가통제가 시작되기 전에 일정한 시간 동안 예비시간을 주지만 이후에는 허락하지는 않는다.

산룬처에서 헤이처의 변화는 무엇을 의미하는지를 경제적 입장에서 확인해보자. 첫째는 중국경제발전의 기초가 되었다는 것이다. 여기서 중국 경제발전의 가시적인 성과는 말할 필요가 없다. 모든 나라의 경제발전 과정에는 반드시 일정한 사람들의 노력과 희생이 절대적으로 요구된다. 중국도 농촌에서 도시로 온 산룬처 아저씨들도 이 과정의 한 부분으로서 설명할 수가 있다. 중국 도시 노동자들은 월급으로 도시생활을 하기는 어렵다. 결국 산룬처 아저씨들의 희생과 조그만 수입은 도시인들의 부족한 월급생활에서 작은 보탬이 되었을 것이다. 따라서 도시인들은 자가용과 집을 살 수 있었을 것이다. 물론 과장되었다고 할 수가 있지만 중국인의 돈에 대한 애착은 저축과 연결되었다. 중국의 저축률은 가계소득의 약 60%로서 세계 최고이다. 이러한 저축률과 경제적 자립의지가 오늘날 중국을 세계가 주목하는 나라가 되게 하였다.

둘째는 중국의 고속경제발전으로 나타난 어둡고 부정적인 면이다. 중국의 경제발전은 떵샤오핑의 개혁·개방정책과 선부론(先富論)으로부터 시작하였다. 선부론은 개혁·개방 초기에 개인의 발전동기가 되면서 중국의 고속경제발전을 이끌었다. 그러나 오늘날에는 빈부격차가 발생하면서 그 역효과가 나타나고 있다. 따라서 13억 인민들이 모두 함께 잘살 수 있는 조화사회를 건설하자는 구호로 바뀌었다. 이는 선부론으로는 모든 인민들이 평등하게 잘사는 사회를 만들 수 없음을 의미한다. 산룬처도 중국사회의 경제적 모순된 결과로 생각할 수 있다. 산룬처의 아저씨들은 대부분 농촌에서 경제적 궁핍으로 도시로 온 선부론에 실패한 농민들이다. 국가가 이들을 통제한다면 결국 빈민층으로 전락하면서 중국사회에서 문제화될 가능성도 있다. 즉 중국사회에 가장 위험한 집단이 될 수도 있다.

나는 친구들과 산룬처를 쉽게 탈 수 있었던 때가 좋았다고 얘기한다. 택시를 타기엔 가까운 거리나 학원에 갈 시간이 촉박할 때에 산룬처는 정말 좋았고 아저씨랑 주고받는 대화에서 중국인의 진정한 모습을 볼 수 있었다. 요즘 베이징에서는 고궁이나 후통(옛날 뒷골목)에서 정식으로 허가받은 산룬처들이 관광객들을 기다리고 있다. 이러한 산룬처 이용은 생각하는 이상으로 비싸다. 집을 나서면 버릇처럼 산룬처가 있는지 거리를 둘러보기도 한다. 이러한 나의 모습에 헤이처 아저씨들이 어디 가느냐고 묻지만 학생신분으로 이용하기에는 부담스러워 바쁘게 나의 길을 간다.

Chapter 15
요리와 사회현상

| 중국이야기

　내가 알고 있는 한국의 대표적인 요리는 불고기와 비빔밥이다. 주위의 중국친구들도 그렇게 이야기한다. 지금까지 먹어본 중국요리도 엄청 많지만 먹어 보지도 못한 요리가 더 많다. 중국식당에서 메뉴판을 보면 정말 어지럽다. 참으로 입이 다물어지지 않을 정도로 많다. 무슨 요리가 그렇게 많은지 평생을 먹어도 다 맛보지 못할 것이다. 이와 달리 중국인이 알고 있는 한국의 대표적인 요리는 불고기와 비빔밥이다. 난 한국인이기 때문에 한국요리에는 별 관심이 없었으나 중국친구와 얘기하면서 관심을 가졌다. 집에서는 어머니의 한국음식에 익숙해져 있어서 한국요리라고 하면 보통 집에서나 식당에서 먹고 있는 정도의 요리로 알았다.

　한국요리가 다양하지 않다는 사실을 부모님과 함께 중국인과의 식사를 하면서 알게 되었다. 내가 가본 베이징의 한국식당에서는 한국인 중심으로 메뉴가 구성되어 있어 중국인 또는 외국인과 함께 할 수 있는 요리는 많지 않았다. 이와 반대로 중국요리는 참으로 다양하였다. 중국요리는 프랑스, 일본과 함께 세계 3대 요리로 인정받고 있다. 이전에는 몰랐지만 중국요리가 세계 3

대 요리에 포함되는 이유를 지금은 알 수가 있다. 광활한 면적과 13억 인구를 가진 중국은 당연히 다양한 요리가 있을 수밖에 없다. 중국은 타이완(臺灣)을 제외한 22개성으로 이루어진 국가로서 각 성은 한국보다 크고 전체 한국인구보다도 많다. 이외에도 56개의 다양한 민족으로 구성되어 있다.

중국은 한족 중심 국가지만 각 민족들은 특유문화와 전통음식을 가지고 있다. 텔레비전에서 본 중국 각 민족의 음식은 정말 다양하고 예술적이었다. 텔레비전 화면에 보이는 요리는 침이 절로 넘어갈 정도로 맛있게 보였다. 나는 이러한 중국요리가 3대 세계요리로서 사랑 받는 것은 당연하다고 생각한다. 우리가 알고 있는 대표적인 중국요리는 상해요리, 광동요리, 사천요리, 동북요리(중국 동북지방인 길림성, 흑룡강성, 요녕성을 말한다)지만 거리에서 만나는 식당 간판을 보면 무슨 요리를 먹어야 할지를 고민하게 한다. 과연 중국인도 이 많은 요리들을 다 먹어 볼 수 있을까 하는 생각도

하지만, 각 요리는 아주 특징적인 맛과 향을 가지고 있어 먹는 사람들을 매혹시킨다.

난 부모님의 영향으로 매콤한 사천요리를 좋아한다. 매운 사천요리는 아마 한국인의 입맛과 맞을 것이다. 현재 중국요리도 발전하고 있다. 항주요리, 절강요리, 베이징요리 그리고 중국인민공화국 창건자로 추앙받고 있는 마오저뚱의 고향요리도 베이징 시내에서 쉽게 만날 수도 있다. 처음에는 요리이름으로 마오저뚱을 사용한 점을 이해하지 못했으나, 그 이유를 알고 나서 중국인의 상술과 용인에 놀랐다.

중국의 경제발전은 중국식 자본주의로 나타나면서 부작용들이 나타나고 있다. 특히 빈부격차는 중국 인민들의 과거를 그리워하게 하고 있다. 개혁·개방 전에는 빈부격차를 생각조차 할 수가 없었으나 지금은 반대다. 결과적으로 다수의 못가진 자들은 옛날 향수를 그리워하고 있다. 이러한 향수를 자극하여 요리에 접목한 것이 마오저뚱의 고향요리이다. 마

오저뚱이라는 이름은 중국인 중에서 정신적 지주인 동시에 신으로까지 생각하는 사람도 있다. 지금은 없으나 초등학교 때 택시를 타면 마오저뚱 사진을 쉽게 볼 수 있었다.

사회적인 현상을 요리와 연결했다는 점에서 중국인의 새로운 면을 살펴볼 수가 있다. 과거 향수를 사업으로 연결한 점이다. 한국에서도 웰빙이라는 이름아래 부모님들이 당시에 먹었던 과거의 음식들이 각광받고 있다. 우리는 건강을 위해서 옛 것을 찾고 소개하며 즐기고 있다. 중국인도 부유해지면서 웰빙문화에 관심을 가지고 있는 것이 현실이다. 다른 한편으로 중국요리를 통해서 중국사회를 연구해볼 가치가 있다고 생각한다. 요리는 사회현상을 소개하는 대표적 주체로서 중국의 다양한 요리에서도 중국연구를 할 수 있을 것이다.

한국요리도 다양화하고 세계화하여야 한다. 세계인이 공감하고 열광하는 요리를 연구하고 만들어야 한다. 한국의 인지도가 세계 속에서 높아지면서 한국요리도 소개되고 있지만 중국요리와는 차이가 있다. 중국에서 성장하고 학교에 다니는 한국인이 점점 많아지고 있다. 이러한 한국인 중에서 요리에 관심을 가지고 있는 친구도 있을 것이다. 이들이 중국요리를 연구하면서 한국요리를 세계화하는데 성공할 것이라고 믿는다.

Chapter 16
요리와 계급문화

|중국연구

중국에서 10여 년 동안 먹어보았던 중국요리는 정말 많다. 처음엔 기름진 요리가 많아서 나에겐 맞지 않았지만 시간이 지나면서 먹을수록 맛있고 생각나게 하는 요리가 끝이 없다. 사천요리, 광동요리, 동북요리, 북경요리, 호남요리 등 헤아릴 수가 없다. 중국인은 날아가는 비행기와 4개 다리의 의자를 제외하고는 모든 것을 요리할 수 있다고 하니 정말로 대단하다. 아버지도 중국요리를 예찬하신다. 중국요리는 과학적이고 몸에 유익하게끔 만든다고 하셨는데 처음에는 믿을 수가 없었으나 지금은 그 뜻을 조금은 알 수가 있다. 때로는 중국인도 이 많은 요리를 모두 먹어 볼 수 있을까 하고 생각도 해 보았으나, 그것은 어려울 것이다. 바로 빈부격차로 점점 심해지고 있기 때문이다.

중국요리는 한국 돈으로 몇 백 원부터 몇 백 만원하는 요리와 서민층과 부유층이 이용하는 식당으로 구분된다. 부유층들이 이용하는 식당의 한 끼 식사가 노동자의 월급이상을 초과하고 우리 돈으로 천만 원 이상 되는 코스가 있다고 하니 정말 상상할 수가 없다. 따라서 음식을 주문하는 것만 보아도 사람 신분을 짐작할 수가 있다고 한다. 아버지의 중국친구 분의 초대를 받아 여러 번 중국식당에 갔었는데 내외부의 규모와 실내 장식으로 나를 어지럽게 하였다. 잠시 후 메뉴판의 가격에 다시 한 번 놀라서

부모님을 바라보았더니, 나의 이러한 표정을 보고 웃으셨다.

　식사 중 화장실에 가려고 방을 나와서 홀을 지나가는데, 홀에는 식사중인 사람들로 가득 차 있었고 심지어 여러 사람이 대기하고 있는 모습이 보였다. 쉽게 이해할 수가 없었다. 중국이 점점 발전하고 부유층이 증가하더라도 이렇게 비싼 식당에서 식사를 할 자리가 없어 기다리고 있는 현상을 어떻게 해석해야 할 지 머리가 복잡하였다. 나는 매일 중국인을 만난다. 그들이 착용한 옷과 신발은 좋은 제품이 아니었고 표정도 밝지 않았다. 그런데 여기에 있는 중국인은 어디에서 온 사람들이며 누구일까? 하는 의문이 들었다. 매일 만나는 중국인과는 옷도 신발도 표정도 모두가 달랐다.

　중국의 빈부격차를 깊게 생각해본 적이 없다. 등하교 시 보이는 자동차와 집 앞의 백화점 물건들을 보면서도 심각하리라 생각지 않았다. 한 끼 식사를 보통 중국인의 평균 월급이상을 지출하는 중국인과 몇 십 원을 위해서 길에서 힘든 일을 하고 있는 중국인들을 생각해보면서 중국 양극화 문제의 심각성을 생각하였다. 빈부격차가 확대되고 있는 현재 중국은 과연 사회주의체제인가라는 의문에 식사의 즐거움은 사라졌다.

우리 집 앞에는 대형 백화점이 있는데 지하에는 음식코너들이 다양하고 즐비하다. 이곳의 식사 값은 저렴하여 언제나 사람들이 넘쳐난다. 가끔 어머니와 이곳에서 간단하게 중국음식을 먹는다. 특히 샤브샤브를 자주 먹는데 저렴하고 맛도 있다. 여기서 식사를 하는 중국인은 2가지 부류로 구별할 수가 있다. 한 부류는 현실에 맞게 가격이 저렴하고 그런대로 맛이 있어서 오는 경우이고 다른 한 부류는 주변에 살고 있는 외국인이다. 중국인은 미식가라고 들었다. 이들은 아무리 가격이 저렴하더라도 입에 맞지 않으면 오지 않는다고 한다. 항상 사람이 많음은 저렴한 가격과 맛도 있기 때문이다.

중국음식문화는 복잡하다. 부모님과 함께 베이징 고궁가까이에 있는 중국 전통 코스 전문요리식당에 갔었다. 나는 부모님과 달리 처음 나온 음식부터 열심히 먹었다. 그런데 무려 15가지 요리가 계속 올라왔다. 요리가 절반도 나오지 않았으나 배가 불러서 입에 맞는 음식만 먹었다. 중국인의 평균 식사시간은 2~3시간이 소요된다고 하는데 그 뜻을 알 수가 있었다. 긴 시간의 식사에서 중국인은 '꽌시'(關係)와 계획을 토론하였을 것이다. 이름도 뜻도 이해가 안 되는 수많은 요리들도 이러한 배경에서 만들어졌을 것이다.

중국식당과 요리는 중국인의 사업장소였고 인간관계 형성의 매개체였다. 그리고 중국이 계급사회임을 보여주는 대표적 문화이다. 중국요리의 다양성은 중국인의 다양한 문화와 성격을 대변한다. 중국은 56개 민족과 22개의 성으로 이루어진 거대국가이다. 각 민족들의 전통과 정신이 그 민족의 전통 요리를 통해서도 전해지고 있다.

오늘날 중국요리는 중국을 대표하는 문화로서 세계 속에서 환영 받고 있으나 중국인의 현재 사회현상을 보여주는 계급문화의 산물이다. 다행히 중국요리는 중국국가 중심으로 관리·감독되고 있다. 이는 사회주의 국가로서 13억 중국인이 공감하는 음식문화를 만들어야 하기 때문이다. 이를 위해 가격도 적정하여야 한다.

Chapter 17
고궁과 만리장성의 현대적 의의

| 중국연구

　고궁은 자금성(紫禁城)으로서 만리장성(萬里長城)과 더불어 중국을 대표하는 대명사다. 전 세계인이 한번은 꼭 가보기를 희망하는 중국의 유적이다. 베이징에서 살면서 여러 번 가 보았다. 신기하게도 갈 때마다 느낌과 분위기가 다르다. 그때마다 사진을 찍어 기념으로 두었는데 가끔씩 볼 때마다 느낌이 다르다. 고궁에 도착하면 엄청난 높이와 규모에 놀란다. 한국의 궁과는 느낌부터 다르다. 한국에 관광온 중국인이 한국의 옛 궁을 가면 실망스러움에 표정이 변한다고 들었다. 중국대륙의 22개 성에는 궁과 성들이 정말 많다. 지방일지라도 우리가 상상할 수 없을 정도로 그 규모는 엄청나다. 오늘날 중국의 고속경제성장은 중국을 대표하는 고궁(자금성)도 변화하게 하고 있다.

　첫째, 상업화되고 있다. 고궁이라 하면 조용하고 근엄하고 전통 건물들이 생각하는 것이 보편적이나 베이징 고궁에는 기념품점과 상점들이 즐비하다. 좋은 뜻으로 생각할 수도 있지만 고궁 이미지와는 어울리지 않는다. 지금은 없지만 이전에는 스타벅스 커피숍도 있었다고 한다. 오늘날 전 세계인이 중국을 방문하면서 한번은 고궁을 방문한다. 고궁관리와 보수를 위한 기금도 필요하지만 전통적 역사적 의미를 간직하고 있는 고궁 안에 상업화한다는 점은 별로 바람직하지 못하다.

둘째, 현대화되고 있다. 고궁 건축물의 색상과 부대시설을 보면 중국의 역사적인 멋이 현대화한 느낌을 가지게 한다. 전세계에서 온 손님들을 위해서 보수하는 것은 당연하다. 그러나 현대적 멋보다도 중국의 진지한 맛을 살리는 것이 보수개조의 의미라고 생각한다. 시대에 따라서 변화하고 진화하여야 한다고 반문도 할 수 있지만, 그래도 전통적이고 역사적인 본래 건축물의 의미를 중시하는 것이 좋다고 생각한다.

셋째, 중국의 정치와 함께 한다. 고궁을 가로질러 나가면 천안문이다. 천안문을 중심으로 박물관과 인민대회당과 같은 큰 건물들이 동서남북을 에워싸고 있다. 천안문 방향의 고궁 벽에는 크게 그려진 마오쩌둥 주석의 초상화가 천안문을 바라보고 있다. 중국 국가창건일인 매년 10월 1일에는 천안문 대로변에서 군사퍼레이드가 펼쳐진다. 이때 고궁 성루에서 중국국가지도자들이 군사행진을 참관하며 동시에 천안문 광장에서는 선발된 중국인민들의 다양한 행사를 진행한다. 이러한 모습들을 전 중국에 방송하면서 중국의 힘을 세계로 송출하고 있다. 만약 우리나라의 국가행사에서 국가지도자들이 성루에 올라가서 참관한다면 우리국민들도 중국인과 같이 받아들일 수 있을까?하는 의문도 생긴다. 현재 중국의 고궁에는 사람들로 붐빈다. 비싼 입장료를 지불하고 참가한 세계인은 고궁의 상업적 인상으로 조금 씁쓸한 마음을 가질 수도 있을 것이다. 또 다른 중국의 상징인 만리장성도 비슷하다.

만리장성! 이름만 들어도 가슴이 뛴다. 만리장성은 고대 중국인의 땀과 피라고 할 수 있다. 그들의 희생적인 노고로 오늘날 중국은 세계로부터 관광객을 불러들이고 있다. 만리장성에 도착하면 감탄사가 저절로 나온다. 만리장성을 오르는 입구는 여러 곳이다. 입구에서부터 보이는 현대식 음식점은 만리장성과는 전혀 어울리지 않는다. 이러한 상업화는 눈앞에 보이는 만리장성의 웅장함을 퇴색시키고 있다.

고궁과 만리장성에서 느낄 수 있는 총괄적인 감정은 상업화다. 이러한 현상은 당연한 것인지도 모른다. 베이징의 우리학교는 방학 때마다 중국 전역의 유명한 관광지를 탐방하였는데 몇 곳은 지나친 상업화로 우리의 양미간을 자극하였다. 그런데 중국의 경제발전과 함께 의식수준도 서서히 변하고 있음을 볼 수 있다. 전 중국에서 이러한 현상들이 일어나고 있다. 경제발전으로 풍족함을 느끼면 다음으로 문화에 취미를 갖는다. 중국도 지금 그러한 단계로 가고 있다. 전 중국의 관광지가 본래 목적으로 다시 방향을 전환하고 있다.

중국이 참으로 부럽다. 고대 조상들이 남겨준 피와 땀의 유적지와 유물들

이 오늘날 중국을 세계 중심으로 변화하는데 일조하기 때문이다. 아마도 우리는 만약 전 중국에 산재해 있는 유물과 유적을 구경하려고 한다면 엄청난 시간과 돈을 투자해야 한다. 오늘도 중국정부는 전 중국에서 문화유적과 유물을 보전하고 세계에 소개할 준비를 하고 있다.

Chapter 18
베이징올림픽과 목적

| 중국연구

    2008년 8월 베이징올림픽은 중국의 새로운 도전이었고 전 세계에 살고 있는 중국인을 다시 모으는 올림픽이자 신 중화민족주의 부활을 예고하는 올림픽이었다. 중국정부는 올림픽으로 많은 대가를 지불하였다. 내부적으로는 베이징 철거지역 원주민들과 농촌에서 온 농민공들의 불만들이, 외부적으로는 인권문제와 소수민족문제 등이 국제공론화가 되면서 중국지도부들을 곤란하게 하였다.

    올림픽을 위한 철저한 준비는 중국인의 희생이 필요하였다. 우리 집 주위도 빠른 속도로 새롭고 거대한 모습으로 변하였다. 이런 변화에 중국인의 의견들은 무시되었고 TV와 매스컴에서는 올림픽 준비소개와 중화민족의 우수성을 매일 방송하면서 13억 중국인의 의식을 오로지 올림픽으로 무장화시켰다. 동시에 중국정부는 외교적으로 막대한 투자를 하였다. 중국의 에너지문제를 해결하기 위한 대책으로서 아프리카 및 저개발국가들의 참가경비를 전적으로 부담하였다. 중국성장은 에너지 문제와 직결된다. 현재 중국정부는 에너지자원의 수출을 금지하고 막대한 달러로서 전 세계의 자원을 무차별적으로 사들이고 있다. 중국은 올림픽으로 에너지자원문제 해결을 위하여 절대적으로 활용하였다.

    베이징올림픽은 13억 중국인을 통제하는 합법적인 도구였다. 올림픽

　개최 한 달 전부터 베이징의 모든 건설 공사장과 제조업 공장의 작업을 멈추게 하였고 수 만 명의 농민공들을 귀향하게 하였다. 농민공들의 귀향 강요는 어려운 경제문제로 농촌을 떠났던 그들에게 치명적이었다. 또한 올림픽 인프라시설 구축과 건설을 위해서 베이징 원주민들의 강제이주는 또 다른 빈민가들을 생겨나게 하였다. 이주보상비로는 베이징시내에 거주지를 마련할 수가 없었다. 베이징 원주민과 농민공의 불만으로 베이징 공사장과 거리는 항상 시끄러웠다. 그러나 이들의 목소리는 전혀 들리지도 주목 받지도 못했다. 베이징올림픽은 국가적으로는 영광을 주었지만 중국인에게는 새로운 고난을 주었다.

　올림픽은 중국 소수민족의 문제를 국제화하였다. 예를 들어 신장 위구르자치족과 티벳문제는 중국이 머리 아파하는 현실문제이다. 신장위구르인을 베이징에서 볼 수가 있는데 중국인과는 생김새가 전혀 다르다. 중국어를 하는 이들을 보면, 중국정부 정책의 무서움을 느끼게 한다. 중국의 민족다양성은 언제든지 폭발할 수 있는 위험적인 요소이다. 소수민족문제는 중국분열에 있어서 가장 큰 원인이 될 수도 있다. 올림픽 개최 전 발생한 티벳독립시위에서 중국 공안과 군대의 진압 장면이 전 세계에 보도되면서 올림픽 보이콧문제와 성화봉송을 제지하기도 하는 각국의 시위가 있었다. 그러나 중국정부는 이러한 문제에 관계없이 개폐회식에서 중국의 역사와 전통문화를 전 세계에 보여 주었다. 전 세계도 중국내부의 문제들을 잊어버리고 중국과 중국인에게 찬사를 보내는 동시에 중국을 소개하는 프로그램을 자국으로 송출하였다. 베이징올림픽에서 중국은 목적을 달성하였다. 바로 올림픽에서 중국의 과시와 중화민족의 우수성을 강조하였다. 중국인들도 동조하였고 신 중화민족의의를 만들었다. 신 중화민족주의는 세계 중국인을 단결하도록 하였고, 중국이 세계로 나아갈 수 있는 강력한 정신적 무기가 되었다.

만약 타이완(臺灣)으로 패퇴하였던 장제스(蔣介石)가 중국을 통일하였다면 오늘날 어떻게 변하였을까? 10년 간 정치투쟁의 장이었던 문화대혁명이 없었다면 오늘날 어떻게 발전했을까? 하는 문제를 올림픽과 함께 생각해 보았다. 중국역사에서 존재하였던 크고 작은 국가들의 흥망은 외부세력에 의한 적은 없었다. 당시 미국의 지지를 받았던 장제스 군대가 중국을 통일할 수가 없었던 점도 아마 같은 맥락에서 생각해볼 수도 있다. 수 천만 명의 중국인민들이 문화대혁명의 고통을 경험하였기 때문에, 경이로운 경제발전과 올림픽성공을 통해서 신 중화민족주의를 재건할 수 있었다고 생각해볼 수도 있다.

베이징올림픽 이후 올림픽이 낳은 에너지들을 어떻게 국가발전에 이용할 수 있을 것인가 하는 문제로 고민을 하고 있다. 현재 중국인의 자부심은 대단하다. 아시아를 대표했던 일본을 넘어서 미국과 어깨를 마주하려고 한다. 여기에 전 세계 중국인에게 신 중화민족주라는 이름아래 세계시장에서 무차별적으로 자본투자를 유도하고 있다. 우리나라도 중화자본이 착륙하였다. 몇 년 전까지만 하여도 이전에 제기되었던 중국위협론을 부정하였지만 다시 세계는 중국위협론을 제기하고 있다. 이러한 국제분위기는 지리적으로 인접한 대한민국에게 중국연구를 절대적으로 요구하고 있다.

Chapter 19
중국경제발전과 생활변화

| 중국연구

중국의 경제발전은 한마디로 놀랍다. 경제발전은 중국인의 생활수준도 향상시켰다. 내가 중국에서 오랜 기간 동안 생활하면서 직접 보고 느낀 점으로 중국은 천지개벽했다고 하고 싶다. 초등학교 1학년 때, 처음 만난 중국 수도인 베이징은 어두웠다. 번화가에서 조금만 벗어나도 밭과 벌판이었으며 건물의 색깔도 우리나라와는 비교가 되지 않았다. 도로상황이나 교통수단도 슈퍼마켓이나 백화점도 우리나라와는 도저히 비교가 안 되었고 거리에서 만나는 중국인의 얼굴도 밝지 못했다. 처음에는 걱정스러웠다. 언제쯤 우리나라와 비슷하게 될 수 있을까? 라는 물음으로 우쭐하기까지 하였다. 한편으로는 절대로 발전할 수 없을 것이라는 생각으로 한국이 정말 자랑스러웠다.

그러나 베이징올림픽유치와 동시에 중국변화가 시작되었다. 건물과 사람, 상품과 서비스가 눈에 보일 정도로 변화하였다. 중국인의 표정과 새롭게 건설되는 건물들은 자신감으로 가득 찼다. 이 모든 변화가 어떻게 시작되었고 무엇이 변화를 시도하도록 하였는지를 생각해 보았다. 바로 중국의 경제력이었다. 아버지께서 "1991년만 하여도 한국 돈 1만원은 인민폐 200위엔 좌우였으나, 1997년 말 동남아시아의 경제위기로 한국도 국제통화기금(IMF) 관리체제에 들어가면서 한국 돈 가치가 50%정도 하락하였으나 조금씩 회복되어 양 국가의 화폐가치가 약 1:1 정도로 지속되다가 중국경제가 급성장하고 규모가 커지면서 한국 돈 가치가 점점 하락하였다"고 하셨다. "2008년과 2009년 미국 발 글로벌경제위기로 다시 약 1: 2정도 수준까지 이르게 되었고 앞으로 중국위엔화 가치는 점점 상승할 것이다"라고 말씀하셨다. 중국위엔화 가치가 상승한다면, 중국주변국의 경제상황도 아주 빠르게 변할 것으로 생각한다.

현재 한국의 제1수출 국가는 중국이다. 중국은 매년 약 8% 이상의 경제성장을 지속하여야만 13억 중국인이 중국공산당을 지지할 것이라고 들었다. 중국공산당도 이러한 점을 알고 있기에 이데올로기문제는 일단 뒤로하고서, 중국인의 경제적 배부름을 위해서 경제발전에 힘쓰고 있다. 현재 중국상황에서는 지속적인 경제발전만이 중국인민들의 지지를 받을 것이다. 내가 살고 있는 베이징의 왕징지역도 처음에는 허허벌판이었으나, 하루가 다르게 변모하여 2010년 현재는 한국과 별 차이가 없을 정도

로 변모하였다. 그리고 중국인의 생활수준도 큰 변화가 있었다. 베이징에서 생겨나고 있는 초대형 백화점은 현재 중국인의 생활수준을 잘 보여주고 있다고 할 수 있다.

슈퍼마켓에 가보면 물건가격이 한국과 비슷하다. 오히려 더 비싼 물건도 많다. 베이징의 노동자의 한달 평균 월급은 약 3000위엔(한화 55만원 좌우)인데, 그러한 월급수준으로는 백화점의 비싼 물건들은 살 수 없다고

생각할 수도 있다. 그러나 중국인은 거침없이 이러한 물건들을 사고 있다. 백화점에 있는 진열되어 있는 세계적 명품을 가격표에 관계없이 중국인은 구매하고 있다. 베이징의 중심지인 왕푸징(王府井)과 쇼핑 중심지인 시단(西單)에 가보면 다시 한 번 놀랄 수밖에 없다. 왕푸징은 베이징의 얼굴로서 그 주변에 자리잡고 있는 커다란 상점과 호텔건물을 보면 여기가 과연 중국인가 하는 의문이 들기도 한다. 중국 전역에서 온 중국인은 반드시 왕푸징을 다녀간다. 왕푸징에는 롯데백화점도 개장하였다. 이외에도 중국의 거대한 백화점이 양 길에 늘어져 있으며 백화점에는 항상

사람들이 넘쳐나고 활기가 넘친다. 왕푸징에서 만나는 중국인의 얼굴에는 자유로움과 웃음이 넘쳐난다. 시단(西單)도 마찬가지이다.

이러한 모습에서 과연 중국은 경제발전을 지속할 수 있을까? 중국인의 생활수준도 계속 향상될 것인가? 빈부격차를 어떻게 극복할 것인가? 하는 문제에 대한 생각을 해 보았다. 첫째, 중국정부는 지속적인 경제발전을 적극 추진할 것이다. 중국공산당의 안정적인 정권유지를 위해서이다. 만약 지속적인 경제발전을 할 수 없다면, 약 9억 명의 농민들이 가장 먼저 직접적인 영향을 받을 것이다. 중국농민들의 수입은 도시 노동자들의 평균수입보다도 적다. 따라서 약 2억 명의 농민들이 고향을 떠나서 도시로 유입되어 농민공이라는 이름으로 중국발전에 일조하고 있다. 이들의 평

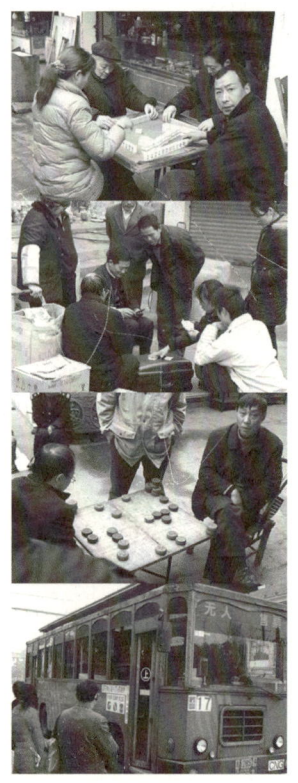

균수입이 농민들보다도 높아 농민공들은 점점 증가하고 있다. 중국역사는 농민이 중심이다. 이들은 중국의 왕조전환에 절대적인 영향을 주었다. 이 점은 중국공산당도 알고 있다. 중국공산당은 농민들의 지지를 받을 때만이 안정적으로 정권을 유지할 수가 있을 것이다.

둘째는 중국 경제발전은 인민들의 생활수준도 향상시킬 것이다. TV광고를 통해서도 알 수가 있다. 옛날 광고를 보면 제품수준, 광고수준, 광고제품이 다양하지 못했고 촌스러웠다. 그러나 지금 광고를 보면 한국과 별 차이가 없다. 이는 중국인의 현재 생활수준을 가늠할 수 있는 척도로서 우리와 별 차이가 없다고 생각한다.

셋째, 빈부격차 해결에 힘쓸 것이다. 중국의 빈부격차는 심각하다. 빈부격차는 덩샤오핑(鄧小平)의 선부론(先富論)으로부터 시작되었고 경제가 발전하면서 빈부격차는 더욱 확대되었다. 중국국가 주석인 후진타오는 빈부격차를 해결하기 위해서 모든 중국인이 함께 잘 사는 조화사회건설을 목표로 하였다. 중국의 경제발전은 중국인의 평균생활수준을 당장 향상 시킬 수 있지만, 모든 중국인이 평등하게 잘 사는 사회는 상당한 시간을 필요로 할 것이다. 그러나 내일은 중국인의 생활수준이 더욱 좋아질 것이다.

Chapter 20
런민삐(RMB) 가치변화와 영향

| 중국연구

중국 런민삐(RMB)의 가치변화를 베이징에서 초중고를 재학하면서 경험하고 있다. 부모님과 친구들과의 대화에서도 듣고 있다. 2008년 말 글로벌 경제위기에서 런민삐 가치가 더욱 굳건하게 된 것 같다. 당시 학교 친구들이 귀국하는 모습과 왕징의 한국식당들 문 앞에 큼직하게 쓰여진 1인당 얼마를 지불하면 무제한 리필이라는 광고를 보고서 경제변화에 대한 현상들은 나를 우울하게 하였다. 이 모든 가시적 현상은 런민삐 가치의 상승 때문이다

우리 집도 마찬가지였다. 우리는 주재원이거나 국가에서 파견한 것이 아니라 자비 유학생이다. 약 2배로 올라버린 환율로 어머니는 걱정을 많이 하셨다. 하루는 아침식사 때 어머니께서 규모를 줄여서 이사를 하는 것이 어떠냐고 물으셨다. 당시에 난 심각한 상황을 모르고 바로 싫다고 하였다. 어머니께서는 더 이상 말씀을 하시지 않으셨지만 약간의 시간이 지나고 나는 그 이유를 알았다. 바로 런미삐 가치의 상승 때문으로서 진심으로 어머니께 미안하고 죄송하였다.

중국은 세계 최고의 외환보유국이자 가장 큰 시장을 가지고 있다. 머지 않은 미래에 최고의 경제대국이 될 것이면서 런민삐 가치가 지금보다도 강해질 것이라고 한다. 지난 10여 년 동안 중국 변화를 생각해보면 그렇

게 될 것으로 믿는다. 중국 목표는 무엇일까 생각하면서 아버지께 여쭈어 보았다. 아버지께서는 "중국 국가의 목표는 1달러에 런민삐 2위엔에 두고 있다고 중국경제학자로부터 들었다. 아마 상당한 시간이 필요할 것이다. 중국정부는 런민삐를 기축통화로 만들기 위해서 움직이고 있다. 세계 자원시장에서도 막강한 외환보유고로 독식을 하면서 우리나라도 영향을

받고 있다"고 하셨다. 한편으로는 중국의 이러한 무한 질주를 언제까지 계속할 지가 궁금하기도 하였다.

런민삐의 가치변환으로 다양한 현실반응을 보았고 경험하였다. 현재보다 가치가 상승한다면 우리나라는 어떻게 될 것인가? 중국의 조선족 동포들이 한국으로 돈을 벌려고 나가는 현재의 상황이 전환되어 한국인이 돈을 벌기 위해서 중국으로 오게 되지 않을까 하는 걱정도 스쳐갔다. 베이징의 평균 월급이 런민삐 약 3000위엔 좌우로서, 1달러에 2위엔이 된다면 한국 돈으로 180만원 정도가 된다. 그러면 우리는 대학을 졸업하고 중국으로 일자리를 찾아서 비행기를 탈 수도 있다는 생각도 하였다 당장은 어렵지만 불가능한 일은 아닐 것이다.

2008년 말 글로벌 경제위기로 한국과 중국은 약 300억 달러의 통화 스왑을 체결했다고 들었다. 언제라도 양국의 돈을 교환할 수 있도록 한 것이다. 불과 몇 년 전만 하더라도 중국 돈 가치에 대해서는 한 번도 생각해 보지 않았다. 그러나 지금은 일상생활 속에서 화폐가치를 비교하는 버릇이 생겼다. 방학 때 잠시 귀국하여 부모님과 동대문시장에 갔었는데 여행 온 중국인이 많았다. 그들은 한국제품이 싸다고 하면서 옷과 액세서리를 사고 있었다. 인상적인 것은 동대문시장 거리환전소에서 런민삐 환전이라는 표지를 본 것이었다. 많은 외국화폐 중에서 런민삐 환전이라는 글자가 가장 컸다. 몇 년 전만 하더라도 상상도 못했던 상황이 현실화 되었던 것이다.

중국인은 앞으로 한국을 더 많이 방문할 것이다. 가까운 거리와 한류 및 환율영향이 가장 큰 이유일 것이다. 그러나 런민삐의 가치상승은 특히 재중한국기업이나 유학생들을 어렵게 할 것이다. 중국에서 외국인이 산다는 것은 쉬운 일이 아니다. 상황에 따라서 변하는 중국정책들은 중국에 살고 있는 한국인을 어렵게 하였다. 아버지의 제자도 큰 돈을 중국

에 투자하여 학원을 설립하였으나 다양한 법률적용과 환율영향으로 어려웠었는데 2008년 말 글로벌 경제위기로 모든 것을 포기하고 한국으로 귀국하였다.

  2008년 글로벌 경제위기는 런민삐의 가치를 오히려 상승시켰지만 한국은 많은 상처를 입었다. 베이징에서도 변화가 감지되었다. 런민삐 가치가 한국 돈의 약 2배가 되면서, 한국인의 거주지인 베이징 왕징에 거주하고 있는 한국인 가운데 절반이 귀국하였다. 당시 왕징의 주택임대료가 하락하였고 왕징의 분위기는 어두웠다. 2010년 베이징 왕징에는 다시 한국인이 돌아오고 있다. 세계경제도 좋아지고 한국경제도 회복되고 있다고 한다. 앞으로 런민삐의 가치상승이 고통보다는 희망의 시대가 되었으면 한다. 동시에 많은 한국인이 중국으로 달려와 중국인과 경쟁하고 연구했으면 한다.

Chapter 21
소수민족정책

|중국연구

    중국은 약 97%의 한족과 55개 소수민족으로 이루어진 다민족국가이다. 1949년 10월 1일, 현재의 신 중국성립 이후 소수민족관리를 위해서 중국정부는 오늘날 중국지도의 지방행정체제를 완성하였다. 동시에 소수민족지역에서의 공식문서에 소수민족 문자 사용금지의 강압정책과 2명 자녀의 출산허용, 종교자유보장, 재정지원, 일정비율 대학입학보장 등의 우대정책을 실시하고 있다. 이러한 정책들은 소수민족들이 일으킬 수 있는 문제를 차단하기 위한 관리정책이다.

    소수민족들은 중국경제가 발전하면서 한족에 급속히 동화되고 있다. 소수민족의 부모들 중에는 자녀를 소수민족 학교보다 한족학교에 보내는 경우가 증가하고 있다. 이는 소수민족어가 아니라 중국어를 잘해야 직업을 쉽게 찾을 수 있기 때문이다. 아직도 다수의 소수민족들은 자신들의 고유언어를 사용하면서 집단거주하고 있다. 특히 이들은 독립이라는 목적으로 중국정부와 대치하면서 철저하게 통제를 받고 있다. 동시에 중국정부는 소수민족들의 중화민족화하고 있다.

    중국의 경제발전은 소수민족과 한족간에 교류가 확대되면서 경제적으로 우위에 있는 한족들에게 동화될 수밖에 없는 상황이다. 동시에 중국정부가 한족들을 소수민족 거주지에 이주하는 정책과 경제적 유화정책을

동시에 실시하면서 소수민족들을 중화민족화하고 있다. 중국 중심지와 소수민족 거주지를 연결한 도로나 철도는 소수민족들의 중화민족화를 위한 장기적인 중국국가 계획이다.

중국 주변국가와 관련 있는 중국 소수민족과는 관계가 심각하다. 이들 소수민족들은 자신들의 고유문화와 역사를 가지고 있으며, 언제든지 중국분열문제의 원인을 제공할 수도 있다. 중화민족화라는 이름으로 소수민족을 중국역사에 편입하려는 강압정책과 소수민족들과 동일민족들의 주변국가와 마찰이 발생할 가능성도 있다. 현재 중국이 추진하고 있는 동북공정사업도 이를 방지하기 위하여 추진하고 있는 정책이다. 중국은 우리의 자랑스러운 고구려사와 발해사를 의도적으로 중국 지방 정권의 소수민족 역사로서 규정하고 있다. 또한 이것은 북한까지 포기하지 않겠다는 치밀한 계획이 담겨져 있다. 이는 통일 한국이 중국 동북3성(길림성/흑룡강성/요령성)의 영토문제 제기로 중국분열의 원인을 제공할 수도 있기 때문이다. 현재 중국은 동북3성의 찬란하였던 고구려와 발해유적지에 한국인의 접근을 금지하고 있다.

중국 내몽고도 이러한 정책의 일환으로 통제를 강화하고 있다. 몽고민족의 신으로 추앙 받는 칭기스칸 관련 일대기를 중국입장에서 만들어 TV에서 방송하였다. 우리나라에서도 이를 수입하여 방송하였다고 알고 있다. 어쩌면 중국은 칭기스칸도 중국의 소수민족출신이라고 교육할 수도 있겠구나 하는 생각이 순식간에 스쳐갔다. 이러한 생각은 중국이 고구려 광개토대왕과 발해 대조영 관련 역사도 중국입장에서 영화로 제작해서, 중국 지방의 소수민족역사로 교육할 수 있음을 생각해보아야 한다. 역사문제로 인해 중국은 주변국가와 소수민족들과의 관계가 불편하다. 독립문제가 자주 발생하면서 중국정부는 위험을 느끼고 있다. 특히 한국과 티벳 및 신장위구르자치구와는 심각하다고 할 수 있다.

중국 소수민족문제는 조용한 것 같지만 언제든지 폭발할 수 있는 화약고이다. 중국정부도 이를 잘 알고 있다. 소수민족에 대한 다양한 유화정책에도 불구하고 소수민족들은 여전히 자기들의 언어를 사용하고 정신을 교육하고 있다. 소수민족들의 마지막 목표는 독립이다. 그들의 목표가 때로는 중국 대도시에서 폭력형태로 표출화되면서 중국정부는 항상 긴장으로 감시하고 있다.

현재 중국 소수민족들의 문제점은 경제적 자립이 어렵다는 것이다. 중국정부의 절대적 도움이 필요하다. 한족과의 경제수준차이가 커질수록 이들은 중국정부 정책에 따를 수밖에 없다. 중국정부 정책으로는 소수민족의 중화민족화와 한족들의 소수민족지역 이주장려 그리고 중국중심도시와 소수민족지역 연결사업이 있다.

지금은 베이징에서 티벳 라사까지도 열차로 직접 갈 수 있다. 이제 중국의 소수민족지역은 은둔의 땅이 아니라 현대문명이 공존하는 지역으로 변화하고 있다. 현실적으로는 중화민족화 정책의 성공 가능성이 높아지고 있는 것으로 볼 수도 있지만, 내부적으로는 소수민족들은 여전히 정부 정책을 반대하는 폭력적인 도전이 진행되고 있어서 중국정부는 오늘도 긴장하고 있다.

중국과 중국인은 대단하다. 오늘날 중국은 점점 강해지고 중국인도 변화하고 있다. 중국은 한국의 가장 큰 수출시장이자 지리적으로 가까운 나라이다. 특히 중국은 한국과 북한의 동시 수교국으로서 경제적으로는 한국과 정치적으로는 북한과 가깝다고 할 수 있다.

한반도를 둘러싼 주변 강대국과의 관계에서 우리가 중국과 함께 친구로서 함께 갈 수 있을 것인가를 고민해보았다. 그러나 아직 답을 찾을 수가 없었다. 나의 친구들도 나와 같이 고민하고 있는 모습을 보았다.

나는 초·중·고를 베이징에서 중국과 중국인들과 함께하면서 마지막 학년을 재학하고 있다. 앞으로 대학에 진학하면 조금 더 깊이 있게 국제관계분야를 공부할 것이다. 초·중·고를 보냈던 중국은 나의 공부에 많은 도움이 될 것이다.

Chapter 22
중국의 분열가능성

| 중국연구

중국 분열은 가능성이 희박하다고 이야기하는 것이 일반적이다. 분열은 중국공산당이 가장 무서워하는 시나리오다. 분열의 시작은 지역과 민족 간의 경제문제로 인하여 발생할 가능성이 가장 크다고 생각한다. 개혁·개방이래로 중국은 크게 5대 경제지구〈절강(浙江)지구, 주장(珠江)지구, 환발해(環渤海)지구, 동북(東北)지구, 복건(福建)지구〉를 중심으로 중국발전을 이끌고 있는데, 절강과 주강, 환발해지구의 3대 경제지구가 중국GDP의 60% 이상을 점유하고 있다.

중국경제의 대표적 상징도시인 상해를 중심으로 하는 절강(浙江) 경제지구가 가장 먼저 독립선언 가능성이 있다. 이 지구는 중국 국가계획이 집중되고 떵샤오핑 이후 중국정치 중심에 있는 상하이방이 있다. 특히 중국 총 GDP 중 3분의 1의 세금을 납부하는데 납부한 세금으로 다른 지역에 도움을 주는 것을 점점 싫어한다. 이러한 상해중심의 절강경제지구가 중국분열의 시작이 될 수 있다. 다음으로 독립선언 가능성의 지구는 중국무역규모에서 1위인 광둥성(廣東省)의 주강경제지구이다. 분열가능성이 잠재하고 있는 5대 경제지구와 기타 지역간 경제수준차이는

종국에는 분열가능의 한 원인이 될 수도 있다.

경제적 원인의 분열가능성 이외에 소수민족문제도 분열가능성이 될 수 있다. 중국은 한족 97%와 55개 소수민족의 다민족 국가이다. 중국정부는 소수민족에 대한 강압과 우대정책을 동시에 실시하고 있다. 중화민족화 정책아래 소수민족의 언어와 문화를 한족화하는 교육을 강화하고 있다. 동시에 이들은 한족과의 소득격차가 확대되면서 소외감으로 불만이 커지고 있다. 이들의 불만이 폭력적인 형태로 발전하면서 중국정부는 군인까지 동원해 엄중하게 대처하고 있다.

소득격차로 인한 소수민족의 불만을 해소하기 위해 중국정부는 큰 계획들을 추진하고 있다. 그러나 동시 한족의 이주 장려 정책을 실시하면서 통제를 강화하고 있다. 특히 이들 지역의 경제권을 한족이 장악하면서 불만은 오히려 더 커지고 있다. 신장위그루르자치구의 위그르족과 티벳자치구의 티벳인을 중국정부는 철저히 통제하고 있다. 2008년 베이징 올림픽을 전후하여 발생한 유혈사태는 이들 소수민족이 일으킨 대표적인 사건이다. 국제사회는 소수민족에 대한 탄압정책을 중국의 인권문제와 연결하여 문제를 제기하고 있다.

중국의 분열가능성 원인으로 중국 지식인과 유학파들의 가능성이 있다. 이들은 자유국가의 '중화연방국가' 형태의 국가건설을 희망한다. 경제발전으로 중국인의 의식수준이 높아지면서 지식인과 유학파들이 민주화를 요구하였다. 민주화 요구는 중국의 인터넷 확대로 전 중국에 빠르게 전달된다. 귀국 유학파들은 중국 경제발전의 동력이자, 중국공산당이 주시하는 대상이다. 서구자본주의 사상과 자유에 익숙한 이들은 주요부서에 임명되면서 중국정치의 변혁을 시도할 가능성이 있다. 국외에서 민주화 요구와 중화연방제를 요구하는 중국 반체제인사들이 늘어나고 있다.

대표적인 대외적인 분열의 원인으로 타이완(臺灣)문제이다. '하나의 중국'은 현재 중국이 분열된 국가를 의미하는 것으로서 타이완과의 통일관계를 말한다. 타이완과의 통일은 복잡하다. 2008년 '하나의 중국'에 공통인식을 갖고 있던 타이완의 국민당이 총통선거에 승리하면서 양안관계는 새로운 해빙관계가 형성되었다. 그러나 양안관계는 언제든지 폭발할 수 있는 화약고이다. 양안통일은 중국과 미국과의 문제로 직결된다. 미국은

'하나의 중국'을 지지한다고 하지만 양안통일은 반대한다. 미국의 타이완 포기는 타이완 해협을 포기하는 것으로서 아시아태평양을 중국에 주는 것이다. 타이완 해협은 물류수송의 단축항로이자 중국 군사감시를 위한 해협이다.

　마지막으로 소수민족문제가 국가존망문제로 확대돼서 공산당의 정권유지가 어렵게 된다면 신장위그루자치구나 티벳자치구, 몽고자치구 등 소수민족들의 독립을 느슨하게 인정하는 연방제형태의 국가를 허용할 수도 있다. 이러한 연방제 형태는 중국의 주변국가와 미국이 희망하고 있다. 체제가 다른 거대한 국가의 강대함은 자국안보문제와 직접적으로 연결되기 때문이다. 중국정부도 주변국과 미국의 생각을 알 것이다.

Chapter 23
2009년 중국창건일과 퍼레이드

| 중국연구

    10월 1일은 중국 국가 창건일로서 국경절이다. 춘절(음력설)과 함께 중국 최고의 날이다. 2009년 10월 1일은 중국 국가 창건일 60주년이었다. 나는 중국 국가 창건 50주년과 60주년 기념행사 때 베이징 땅에 있었다. 어렸을 때에는 중국 국가 창건일을 알지도 못했고 관심도 없었다. 부모님께서 50주년 행사도 텐안문광장에서 전 중국이 시끄러울 정도로 행사를 치른다고 말씀하셨다. 60주년인 2009년도 중국은 거국적으로 기념행사를 진행하였다. 우리학교도 약 1주일을 휴교하였는데 집에서 TV를 통하여 기념행사를 보았다. 밤에는 대낮처럼 베이징의 밤을 밝힌 불꽃놀이가 진행되었다. 아파트 창문으로 보이는 화려한 불꽃은 한마디로 장관이었다.

    60주년을 축하하는 텐안문광장에서의 중국 인민 해방군의 열병식은 중국아나운서의 목소리와 함께 나를 흥분하게 하였다. 중국 인민 해방군의 퍼레이드와 중국무기는 순간적으로 소름이 느껴지게까지 하였다. 반 패권주의를 주장하는 중국이 이러한 무기들을 세계평화를 위해 만든 것인지? 아니면 자국방위를 위해 만든 것인지? 혼란스러웠다. 우리나라도 저런 무기가 있을까 하는 생각도 하였다. 오늘날 중국의 군사대국화가 중국위협론으로서 국제사회가 주목하고 있다는 기사를 인터넷에서 보았다.

　60주년 기념행사에서 600m²의 대형 중국 국기인 오성기와 신 중국 창건 년도인 1949년과 같은 숫자 1,949명의 중국 젊은이들이 행진하는 모습을 보면서 한국인으로서 무엇을 준비해야 하는지 머리 속에 지나갔다. 중국은 행사를 개최할 때 규모가 엄청나다. 지금까지 보았던 중국행사 대부분이 그러하였고, 60주년 국경절 행사는 지금까지 보았던 행사 규모를 초월해 나를 놀라게 하였다.

　60주년 인민해방군 퍼레이드를 2가지 의미로 생각해 보았다. 첫째는 세계와 13억 중국인에게 공산당의 건재와 힘을 보여주었다. 중국은 큰 시장과 가장 많은 외환을 보유하고 있는 국가이다. 중국은 미국을 가상의 적으로 간주하고 있다. 군사퍼레이드를 통하여 미국에게는 경고를 13억 중국인에게는 공산당의 건재를 보여주었던 것이다. 지난 10여 년간 내가 보고 들은 중국은 강해졌다. 나의 중국 친구도 중국을 자랑스러워하고 공산당을 찬양한다. 베이징 고궁(자금성) 뒤의 징산(京山)공원에 가면 마오쩌둥과 공산당을 찬양하는 노래를 열창하는 중국인의 모습을 쉽게

만날 수가 있다. 이러한 광경은 과거의 향수도 있지만 현재 중국의 자신감을 보여주는 것으로 생각할 수 있다.

두 번째는 국외적으로 중국의 국력성장과 군사력증강을 보여 주었다. 중국은 미국을 가상의 적으로 하지만 미국과는 차이가 있지만 무서운 속도로 거리감을 좁히기 위해서 국가가 움직인다. 행사에서 "신형미사일과 탱크, 조기경보기는 인민해방군이 현대식 군대로 발전하고 있다는 사실로서 미국을 겨냥한 것이다"라고 아버지께서 말씀하셨다. 한국인으로 열병식과 퍼레이드를 지켜보면서 한국을 생각하였다. 중국발전은 한국에게 도움이 되겠지만 가장 위협적일 수도 있다.

오후에 톈안먼에서 5만7천명이 참가하는 다양한 경축공연과 불꽃놀이를 시작하였다. 10월 1일, 중국TV들은 자랑스럽게 하루 종일 방송하였다. 아나운서와 인터뷰하는 중국인의 목소리는 흥분되어 있었고 자부심으로 격앙되었다. 이날 현장행사에서는 초대받은 자만이 참관할 수 있었고 외국인이나 기타 중국인의 출입이 금지된 행사였다. 동시에 주위

반경 몇 km내외에는 자동차출입을 금지한 한편, 무장경찰과 사복차림의 인민해방군만이 있었다고 들었다. 이와 같은 대규모 국가행사에 중국인조차 통제하는 의미는 내부에 문제가 있음을 이야기한 것이다.

중국 60주년 행사를 지켜보면서 한국인으로 무엇을 해야 하는지 곰곰이 생각하였다. 10년 후 중국은 70주년 행사를 더욱 크게 진행할 것이며 우리는 지켜보게 될 것이다. 중국 정치와 경제는 더욱 강해질 것이며 국제사회도 주목할 것이다. 특히 중국군사력은 현대화 동시에 강력해지고 있다. 한국도 중국의 현재 상황을 인정하면서 공존과 경쟁을 해야 한다. 이러 저러한 생각은 머리를 혼란하게 하였다. 당일 베이징의 밤하늘은 경험하지 못했던 대규모 행사로 진행되었는데 집 주위도 대낮처럼 밝았다. 이러한 분위기에 보이는 거리에는 중국인이 나와서 자축을 하고 있었다. 베이징에서 외국인으로서 중국의 국경절 행사 경험은 애국심과 자긍심을 다시금 생각해보게 하였다.

Chapter 24
유교사회주의

| 중국연구

유교사회주의 중국식 사회주의를 이야기할 때, 언제나 중국은 특색있는 사회주의라고 말한다. 중국이 말하는 특색있는 사회주의는 바로 자본주의 계획경제로서, 이는 과거의 사회주의 경제정책의 실패를 의미한다. 중국 지도자들은 국가혼란 방지와 안정적 정권유지를 위해서 사회주의 용어를 포기할 수가 없다. 이러한 특색있는 중국식 사회주의가 중국역사와 문화 배경의 유사성 속에 확립되면서, 중국공산당의 중심사상인 마르크스·레닌주의가 고유한 유교문화를 흔들고 중국에 뿌리 내릴 수가 있었다. 그 이유로 첫째는 당시의 혼란스러웠던 시대상황이 유교문화와 비슷한 사회주의 유사성을 내포하고 있던 마르크스·레닌주의가 빠르게 침투하게 하는 원인을 제공하였기 때문이다. 둘째는 마오쩌둥이 사회주의를 당시 중국현실에 맞추어 변용했기 때문이었다.

1987년 덩샤오핑의 개혁·개방정책 이후, 중국은 마오쩌둥 당시의 사회주의와 오늘날 중국사회주의는 많은 변화가 있었다. 그럼 지금부터 과연 특색있

는 사회주의체제만으로 중국인과 세계로부터 인정받을 수 있는가 하는 문제에 있어서는 중국정부는 고민을 하고 있다. 이에 대한 다양한 고민에서 마르크스·레닌주의의 유사성을 포함하고 있는 전통 기본사상인 유교(儒敎)를 중심으로 할 가능성이 있다. 중국공산당과 지식인들은 이미 유교와 사회주의를 합한 유교사회주의라는 말을 사용하고 있다. 유교는 세계가 인정하는 가장 중국적이고 보편적인 가치이기 때문이다. 유교는 중국이 주창하는 특색있는 사회주의와 유사한 대동(大同)사회건설을 목표로 하기 때문에 공통점이 있다. 후진타오주석 이후 제6세대 중국지도부들이 출범한다면 유가사상을 내세운 유교사회주의 건설을 천명할 수도 있으며, 중국공산당도 중국인과 세계가 조화할 수 있는 유교사상을 집중 연구할 수도 있다. 이러한 현상들은 이미 공자의 고향인 중국 산동성(山東省) 취푸시(曲阜市)에서 가시화가 되고 있다.

청화대학(青華大學) 역사학과 장쉬산 교수는 유교사상이 중국 시장경제발전에 지장을 주었지만 중국사회에서 지금도 영향을 미치고 있다고 하면서 다음의 예를 들었다. 첫째, 유교사상은 현대 중국정치에 영향력을 미쳤다. 유교의 예(禮)사상에서 '군군신신'(君君臣臣, 군자는 군자답고 신하는 신하다워야 한다)은 일종의 권위적인 정치질서로서 마오쩌둥시기의 정치행태에 영향을 주었다. 마오쩌둥은 마르크스＋진시황제＝마오쩌둥이라는 의식을 가지고 있었고, 자신을 군자로 해석하는 유교주의적인 제왕이었다. 또한 '법률통치'(Rule of Law)를 강조하였으나 실질적으로 봉건적인 '법률을 이용한 통치'(Rule by Law)를 하였다. 장교수는 오늘날 유교가 중국공산당 내에서 여전히 강력한 지배력을 발휘하고 있다고 하였다. 중국은 사회주의 정권이지만 실질적으로 지금도 유교사상을 활용한 정치가 행해지고 있다.

둘째, 유교사상은 중국인에게도 영향을 주고 있다. 중국학자들은 신중국성립 이후의 사회주의체제에서도 유교사상은 중국인에게 영향을 주고 있다고 생각하는 것이 중국학자들의 일반적인 견해다. 전통시대에서도 중국인들은 유교의 강력한 영향력을 받았다고 장교수는 말했다. 전통시대에 중국 상류층은 노장사상의 영향을 받았고 하층서민들은 주로 유교사상의 영향을 받았다. 특히 중국의 이민족 출신 왕조(요나라, 금나라, 원나라, 청나라 등)가 중원문화에 흡수 동화된 이유도 유교문화의 영향이었다고 장교수는 설명하였다.

오늘날도 유교사상은 중국 지배층의 정치행태와 일반 서민의 문화의식에 강력한 영향을 주고 있다. 또한 중국 국가체제는 사회주의지만 13억 중국인의 의

식에는 유교사상이 여전히 강력하게 자리잡고 있다. 다만 중국에서는 유교사상이 사회주의나 자본주의 등과 결합하면서 독특한 사회체제를 표출하였다. 즉 개혁·개방 이전의 사회주의가, 개혁·개방 이후에는 자본주의와 결합해서 중국 사회에 영향력을 다양하게 미치고 있다.

중국 지도부는 전 세계가 공통적으로 인식을 할 수 있는 새로운 국가발전을 목표로 정했다. 이는 중국인과 세계가 함께 공유할 수 있는 사상에서 출발함을 전제로 하여야 하는데 유교가 부합하다. 대부분 중국학자들도 국제화와 지속적인 경제발전을 위해서는 유교가 적합하다고 주장한다. 중국 지도부도 미래 중국목표를 함께 잘 사는 조화사회건설을 천명하였다. 오늘날 중국정부가 이미 유교사회주의를 목표로 나아갈 청사진들을 지속적으로 제시하고 있음을 볼 수 있다.

Chapter 25
유교문화 부활의 현대적 의의

| 중국연구

중국의 유교문화라 함은 유교와 유가사상을 말한다. 유가사상은 공자에 의해 만들어진 사상이다. 일반적으로 유교와 혼동되나 엄밀하게 구분한다면 유교는 공자를 성인으로서 유학을 성교로 추앙하여 만들어진 정치와 종교성을 가진 이념이다. 따라서 철학사상으로서의 유가사상과 유학과는 구별된다. 유가사상은 중국 노나라 공자와 제자들의 사상과 교의를 말하는 것이다. 여기서 중국 유교문화를 다음과 같이 분석할 수 있다.

첫째, 유교문화는 인본주의 정신을 기본으로 한다. 유교문화는 전통적으로 인간본성을 좋은 것(善)으로 보고 이것을 계발하는 이론을 정립하였다. 성악설(性惡說)을 주장한 순자도 선인(善人)이 목표였고, 그것을 달성할 수 있는 인위(人爲)의 능력을 인정하였는데 궁극적으로 인본주의로 나아갔다. 인간에 대한 근원적 신의와 인간 중심 사상은 유교문화의 본질이다. 공자도 인간을 도덕적인 존재로 여겼으며, 인의예지(仁義禮智)라는 순수한 덕을 모두 가졌다고 생각하였다. 그리고 인간은 극기복례(克己復禮)하려는 존재이기 때문에 개인욕심이 본성을 가릴 수도 있고 유혹에 넘어갈 수도 있으나 종국에는 극기복례하고자 애쓰는 존재로 보았다.

둘째, 유교문화는 천인합일(天人合一)의 일원적 사유를 기본으로 한다. 천인합일은 우주와 인간의 원리를 하나로 보면서, 이 둘을 유기적 전체로

서 이해하는 것을 말한다. 이 경우 잘못 이해하면 인간중심적 가치원리를 존재의 세계로까지 확장하는 것으로 볼 수도 있다. 그러나 유교 문화는 우주에서 인간의 위치와 역할을 생각하는 것이 기본입장이다. 여기에서 유교문화는 나와 타인, 인간과 만물, 인간과 우주가 언제나 조화 발전하는 것으로 이해하는 기본방식을 형성하였다.

셋째, 유교문화는 모든 문화현상을 실천적으로 다루는 실천철학의 성격을 가지고 있다. 유교사상은 문화철학이나 정치철학으로 여겨질 만큼 서양철학과는 달리 문화의 여러 문제에 대하여 실천적인 관심을 보여 왔다. 이것은 문화는 인간의 산물이고, 인간은 다양한 문화에 관심을 갖고 있다는 특성에서 비롯된 것이다.

넷째, 유교문화는 전통계승과 새로운 창조를 조화하였다. 공자가 일찍이 온고지신(溫故知新)을 말한 것에서도 알 수 있듯이, 유교문화는 역사나 문화전개가 혁명방식으로 이루어지는 것이 아니라 인습과 창조의 조화 속에서 이루어지는 것으로 해석하였다. 이것은 인간이 추구하는 것은 유행이 아니라 진리의 세계이고, 진리의 체득과 실천은 물리적 시간의 제한을 받지 않는다는 설명이다. 만약 과거의 진리를 천명하고 실천한 철학자가 있었다면, 이것을 계승해야 한다는 진리에 대한 사랑을 설명하였다.

공자의 교육철학 중심개념은 인(仁)으로서 선(善)의 바탕이다. 예(禮)를 대(對)사회적인 질서형식으로 본다면 예를 추구하는 인간의 내면적 근거를 어짊[仁]이라고 한 것이다. 공자는 인간본질로서의 어짊을 다른 사람을 사랑하는 마음으로 정의하였고 이 사랑의 기본이 되는 것을 효(孝)라 하여 인을 행하는 근본으로 삼았다. 그리고 도덕적 자아실현을 방해하는 것을 사욕(私慾)으로 간주하였고, 이것을 초월하여 공공질서의 실천을 요구했는데 바로 극기복례(克己復禮)이다. 인(仁)과 인은 공자사상의 비-이기주의적 근본윤리규범이다. 공자는 인(仁)을 지고의 것으로 간주하였

다. 공자는 말하기를 "오직 두 개의 길이 있다. 인간다움과 비인간성이 그것이다."라고 하였다. 인이 예의 전통규칙과 예의를 지니는 생활에 부가해야 할 것은 사랑과 적극적 공감 및 자신과 같은 존재로서의 타인에 대한 존중이다.

오늘날 물질문명이 풍족해지면서 인간 본성이라고 하는 선(善)이 사라지면서 정신문명 또한 붕괴되고 있다. 경제발전과 현대문명이 가져온 중국의 문화적인 충격은 엄청나게 크다. 이러한 충격으로 중국은 국가중심으로 전통문화의 중심에 있는 유교문화를 미래국가발전의 중심사상으로 부활시키고자 하였다. 오늘도 중국은 세계가 공감하는 공자사상과 유교문화를 현 중국체제와 조화하기 위해 연구하고 있다.

Chapter 26
유교자본주의의 배경과 세계화

| 중국연구

유교자본주의론의 사상적 모태는 중국 5.4운동 이래로 형성된 신유가(新儒家)이다. 중국은 1978년 12월 공산당 제11기 3중전회의를 기점으로 새로운 개혁개방의 시대를 맞이하였다. 실사구시의 구호아래 문화혁명 기간 동안 파괴되었던 전통 복원 작업도 다시 시작되었다. 동시에 해외에서 유입된 사조 중 신유가(新儒家)도 있었다. 자본주의적인 신유가는 낙후한 중국을 현대화하는데 전통문화가 절대적으로 필요하다는 봉건주의적 유가와는 다르다.

신유가사조의 유교자본의주의론 제기배경은, 60-70년대 동아시아의 유교문화권인 한국과 일본, 홍콩, 싱가포르의 비약적인 경제발전이다. 유교를 동아시아의 경제발전의 중요 요인으로 연구한 학자가 버거(Burger)이다. 버거는 서구의 현대화 문화적 요인이 기독교이면, 동아시아 현대화의 문화적 요인을 유교(儒敎)라 하였다. 그는 가정에 대한 무조건적인 희생과 절약정신을 강조하는 유교사상이 높은 생산력을 얻는 노동윤리가 되었고, 화해를 중시하는 유교의

규범이 현대산업에 영향을 주었다고 하였다.

독일의 사회학자 막스 베버(Max weber)는 유교에서 비롯된 중국사상문화적 요소가 중국의 자본주의화를 막았다고 한다. 그는 유교사상에는 근대자본주의 형성의 핵심인 합리성과 자연과학적 사유가 결여되었다고 하였고, 유교사상의 경제사상과 전문화의 거부가 중국의 자본주의 길을 가로 막았다고 보았다. 그러나 2차 대전 후 비약적 발전을 성공한 동아시아 국가에서 교육의 중시와 가족중심 기업운영, 정치의 경제에 대한 영향, 근검절약정신을 공통적으로 찾을 수가 있었는데 유교의 전통사상과 상통하였다.

대부분 학자들의 종합적 의견에 따르면 동아시아 유교문화권의 경제발전원인을 집권적인 유교질서와 적응관점에서는 모빌라이제이션시스템, 계획선도적인 혼합경제체제, 우수한 사회조화를, 그리고 가족집단주의의 행동원리관점에서는 충과 효에 의한 집단관리, 내셔날 콘센서스 기업경영 일체감, 건전한 노동과 근면성을 들었다. 이러한 관점을 배경으로 중국도 개혁·개방과 동시에 발전모델을 연구하였는데 그 결과가 유교문화 부활이다. 특히 사회주의라는 용어폐기는 중국이 주창하는 사회주의 이념과 모순된다. 따라서 사회주의체제의 다양한 형태로 해석하고 있는 유교에 국제적 공감을 얻을 수 있는 자본주의를 함께 사용하였다. 중국 지도부는 유교자본주의가 중국이 추구하는 경제발전과 국외적으로 발생할 수 있는 마찰을 최소화할 수 있는 적절한 방법이라고 생각하고 있다.

중국은 유교가 동아시아 경제발전의 원동력이 되었다는 점을, 중국 발전모델로서 가장 적합하다고 생각하고 있다. 신 중국성립 이후 국가계획경제는 중국인에게 불만족과 나아가 국가발전을 저해하였다. 오늘날 중국 지도자들은 이러한 사실들을 인정하고 13억 중국인과 세계가 공감하는 유교를 경제발전 모델 중심에 두고 있다. 중국의 국제화는 유교문화전파와 함께 탄력을 받고 있다.

국외적으로는 전 세계에 공자학원을 설립하여 중화민족주의 주창과 중국역할을 강조하고 있다. 국내적으로는 예와 가족중심의 유교문화를 부활하여 급속한 경제발전이 가져온 내부적 모순을 해결하기 위해 노력하고 있다. 한 때는 공자의 유교문화가 정치적 배척과 타도의 대상이었으나 지금은 중국정치를 보호하는 방패막이 되었다. 동시에 국제사회가 중국을 이해하는 가교역할을 하고 있다.

중국은 베이징올림픽으로 100년의 꿈을 실현하였다. 공자사상을 인용하여 거행한 웅장한 개막식은 미래 중국의 방향성을 보여 주었다. 특히 중화민족의 민족감정을 자극하여 세계의 중국인에게 단결과 신 중화민족주의를 고취하였다. 중화민족주의의 부활도 유교문화부활과 함께 진행되고 있다. 문화대혁명 때 파기되었던 공자사당과 묘를 복원하고 매년 공자탄신일 기념행사에서 세계의 중국인을 참가하도록 유도하고 있다. 후진타오주석이 주창하는 중국의 조화사회(調和社會) 실현 목표도, 유교의 이념인 모두가 함께 잘사는 대동사회(大同社會) 건설과 일맥상통한다고 할 수 있다.

유교의 봉건주의적 요소는 중국의 사회주의체제와 유사하다. 이에 중국정부도 유교문화부활에 전력하였다. 특히 사회주의라는 용어가 점점 세계인의 공감을 얻을 수 없음을 알고서 세계가 공감하는 유교에 사회주의를 결합하여 유교사회주의라는 용어를 이미 사용하기 시작하였다. 미래 중국은 유교문화를 바탕으로 대내적으로는 조화사회를 건설하면서 대외적으로는 국제사회와 협력하고 상호의존하는 관계로 발전시켜야 한다. 동시에 중국은 민주화와 진정성을 보여주면서 신뢰관계를 구축할 때만이, 중국위협론을 잠재울 수가 있고 강대국으로서 역할수행도 할 수가 있다.

Chapter 27
발전하는 중국과 문제점

| 중국연구

베이징 생활에서 본 중국은 급속도로 발전해 왔다. 앞으로도 계속 발전할 것이라고 생각한다. 현재 중국은 지속적 발전만이 내부문제를 해결하는 확실한 해답이라고 생각한다. 광활한 영토와 13억 인구를 중국공산당이 평온하게 영도하고 있다고 믿지만 존재하는 문제점을 한번쯤은 생각해볼 필요가 있다. 대표적인 문제점으로는 바로 인구문제와 빈부격차문제, 에너지문제, 소수민족문제, 노령화문제로서 다음과 같이 분석해 보았다.

첫째, 인구문제이다. 중국은 13억을 가진 인구대국이다. 우리나라와 비교 짐작조차 할 수 없다. 4천만 명의 사천성(四川省) 충칭(重慶)시만 하여도 우리나라와 별 차이가 없다. 현재 13억이라는 숫자도 감이 나지 않지만 앞으로 16억까지 증가한다고 하니, 중국문제로서 가장 우위에 두었다. 중국에 살면서 어디를 가든 참으로 사람들이 많다는 것을 느낀다.

중국은 인구증가 억제를 위해서 전체 인구의 약 3%를 차지하는 소수민족에게만 2명의 자녀를 두는 것을 허용하고 있다. 이러한 국가정책에서도 호구(우리나라의 호적등본과 유사)에 이름이 없는 헤이하이즈(黑孩子 : 호구부에 등록하지 않은 아이)가 증가하고 있다고 들었다. 한편으로는 중국의 남아선호사상으로 해석할 수도 있다. 중국도 남아를 선호하고 있다. 인구와 헤이하이즈(黑孩子)의 증가는 실업률 증가와 사회불안 요소의 근간이 될 수 있다. 중국도 엄격하게 관리하고 있으나 단시간에 해결할 수 있는 문제가 아니다.

둘째, 빈부격차문제이다. 빈부격차 관련 상황은 매일 느끼고 있다. 베이징의 왕징만 하더라도 표현할 수 없을 정도로 변화되었고 지금도 하루가 다르게 변하고 있다. 이러한 발전으로 이 지역 살고 있었던 원주민들은 베이징 교외지역으로 이주하고 외지인들이 새로운 아파트를 사서 입주와 임대사업을 하고 있다. 우리가 살고 있는 집 주인은 아파트가 3채라고 한다. 주인 아저씨의 직업이 의사인데 베이징사람이 아니다. 우리 집은 고층인데 다양한 길거리의 풍경을 볼 수가 있다. 구걸하는 사람, 삼륜차 타는 사람, 신문 파는 사람, 호객행위 하는 사람 등등 여러 사람의 모습을 볼 수 있다. 이러한 길거리에는 백화점과 외국자본이 투자한 슈퍼마

켓이 있다. 특히 백화점에는 중국노동자의 한 달 월급이상의 가격표의 다양한 물건들이 진열되어 있는데, 백화점을 지나다 보면 항상 많은 손님들로 북적거린다.

우리가 잘 알고 있는 백화점의 캐빈클라인 옷 가게에는 많은 젊은 사람들이 물건을 고르고 있다. 옷 가격을 환산해보면 장난이 아니게 비싸다. 이렇게 비싼 옷을 지금까지 부모님께 사 달라고 말한 적도 없다. 그런데 중국인은 망설임 없이 옷을 사니 나를 주눅이 들게 한 적이 한두 번이 아니었다. 아마 하층중국인들은 더욱더 그렇게 느낌을 가졌을 것이다. 아마도 이러한 옷을 살 수 있는 사람은 상류층 중국

인일 것이다. 이와 같은 현상은 중국 어디에서도 보고 느낄 수가 있다. 이러한 빈부격차는 중국이 발전할수록 더욱 큰 문제가 될 가능성이 있다. 모든 국가에서도 빈부격차 문제가 존재하지만, 사회주의 국가인 중국은 더욱 큰 문제가 될 수가 있다.

셋째, 에너지문제이다. 현재 전 세계는 에너지 쟁탈 전쟁을 하고 있다. 중국은 자국 내에서 생산되는 모든 에너지자원의 수출을 금지하고 있다. 특히 중국은 지속적인 발전을 위해서 에너지의 원활한 공급이 절대적으로 필요하다. 매일 증가하는 자동차는 중국의 석유에너지위기를 초래할 수 있다. 몇 년 전만 해도 이렇게 많은 차는 없었다. 지금은 하루가 다르다. 중국의 고속경제발전과 자동차의 증가는 가장 먼저 에너지문제를 해결해야 절박한 도전을 받게 할 수 있다.

넷째, 소수민족문제이다. 중국은 다민족국가로서 55개 소수민족이 있다. 소수민족들은 각각 독특한 문화와 역사적 배경을 가지고 있다. 중국정부는 이들에게 다양한 우대정책을 실시하고 있으나 이들 중 몇몇 소수민족들은 극렬하게 중국정부를 반대하고 있다. 베이징올림픽에 개최하기 전에도 소수민족 사건들이 발생하였다. 베이징에서 만나는 그들은 보통 우리가 알고 있는 한족과는 생김새부터가 다르다. 중국정부는 이들에 대한 여러 사실들을 알고 관심을 가지게 되면서 소수민족들의 거주지역을 살펴보기도 하였다.

특히 소수민족 정책들이 오히려 한족들에게 혜택이 많이 돌아가고 있다. 이들 소수민족들의 지역을 개발하고 이익을 주고 있으나 이주한 한족들이 혜택을 더 많이 받고 있다는 것이다. 그 결과 한족과 소수민족들과의 빈부격차가 심해 소수민족들의 불만이 고조되고 있다고 한다. 이는 중국분열의 한 원인이 될 수도 있다. 지금은 베이징에서 이들을 만나면 이전의 신기한 느낌과는 달리 아픔을 느끼기도 한다.

　다섯, 노령화문제이다. 중국도 고령화 문제가 아주 심각하다. 한국 시골에는 할아버지와 할머니가 계신다. 어머니와 나는 매주 안부전화를 드리는데, 두 분은 언제나 나를 걱정해 주신다. 방학 때 잠시 시골에 인사를 가면 거금의 용돈을 주시기도 한다. 시골 큰 집에는 두 분만 계셔서 부모님이 걱정하시는 모습을 듣고 있다. 오늘날 노령화 문제는 전 지구상의 문제라고 생각한다. 경제발전으로 인한 13억의 수명연장과 노령화는 다른 국가와는 달리 중국사회에서는 엄청난 영향을 미칠 수 있다. 길에서도 중국인 할아버지와 할머니를 자주 볼 수 있는데, 담소를 나누시거나 차를 마시고 계신다. 중국의 각 가정에는 보통 한 명의 자녀가 있는 것이 일반적인데, 결혼 후에는 부모님과 같이 살지 않는 것이 일반적인 중국 사회현상이다. 따라서 13억의 중국은 다른 나라와는 달리 노령화 문제가 더욱 심각하다고 할 수 있다.

Chapter 28
중국의 국제사회와 조화

| 중국연구

오늘날 중국은 거대시장과 경제발전에서 창출한 세계최고의 외환보유고를 바탕으로 국제사회에서 목소리를 높이고 있다. 이러한 의미를 포함하는 도광양회·유소작위(韜光養晦·有所作爲: 뜻을 감추고 힘을 길러서 때가 되면 위치에 부합하는 행동을 한다)는 중국의 외교정책을 대표하는 말이다. 2004년 이후, 중국은 과거와는 달리 국제사회에 적극적인 참여와 관여를 하고 있다. 1983년 9월 덩샤오핑은 은퇴 후 예상되는 중국 대내·외의 정세 및 방침과 관련하여 국제정세에 대한 중국대처를 냉정하게 관찰하자(冷靜觀察)면서 국외적보다는 국내적인 일에 우선 집중하라고 하였다. 따라서 중국 내 경제발전에 모든 역량을 총동원하였고 국외적인 일로 인하여 경제발전 및 대국화에 방해 받지 않길 희망하였다. 동시에 반패권주의와 내정불간섭주의를 표방하였다. 문제가 발생하면 중국은 정면대응과 지나친 행동과 말을 하지 않는데, 이것은 이러한 국가지침의 영향을 받았기 때문일 것이다.

2008년 베이징올림픽을 성공적으로 개최하면서 유소작위 실현을 위한 발판을 마련하였지만 여전히 도광양회를 하고 있다. 이유는 13억 인구의 경제적 문제해결과 타이완문제를 우선으로 해결하는 것이 급하기 때문이다. 특히 지속적 경제발전만이 안정적인 통치보장과 노동자와 농민들의 지지를 받을 수가 있다. 후진타오주석의 집권 이후 특색있는 중국식 사회주의는 분배문제의 중심에 있다고 할 수 있다. 덩샤오핑은 개혁개방으로 인하여 빈부격차가 발생한다면 개혁개방의 실패를 의미한다고 하여서 중국이 여전히 도광양회를 하고 있을 수도 있다. 문제는 이러한 배경이 중국위협론화 되면서 국제사회가 긴장하고 있다.

도광양회·유소작위(韜光養晦·有所作爲)의 실현을 위해서는 중국침략과 내정간섭이 없는 동시에 중국을 둘러싸고 있는 주변국의 안정이 지속되는 국제평화환경 및 중국 경제발전에 도움을 주는 양호한 세계경제 정세가 형성되어야 한다. 따라서 중국은 서방 선진국가와 미국과의 관계를 우선시하고 있다. 냉전 후 서방 선진국가와는 서로 협력을 중시하면서 안건에 따라서 충돌도 지속해오고 있으나 미국과는 상당히 복잡하다고 할 수 있다. 미국과 중국은 교류를 증가하면서 전략적으로 상호경쟁 및 협력을 하고 있다. 미국은 중국 안보에 가장 위협국가이지만 중국경제

발전을 위한 기술과 자본 및 시장을 제공하고 있다.

오늘날 중국은 대국(大國)과의 관계에서 도전보다는 협력과 발전을 바탕으로 한다. 중국은 강대국과의 협력강화를 통하여 교류를 증진하면서 경제협력분야에서도 성공하였다. 미국과 일본, 유럽시장은 중국제품의 주요 판매시장으로서, 중국 경제발전을 위한 자금지원국이라고도 생각할 수 있다.

중국은 29개 국가와 이웃하고 국경선이 2만2천km, 해안선은 1만8천km에 이른다. 특히 15개 국가와는 국경선을 마주하고 있는데 중국은 이들 국가와 선린우호관계를 유지하기 위해 노력하고 있다. 중국은 소련 해체 및 동유럽자유화의 충격을 경험하면서, 변화를 통한 체제안정을 도모하였다. 그리고 선진국가들의 제제를 통한 압력에 대해서는 내부단속을 통하여 극복하였다. 동시에 중국을 반대하는 국가들에게 중국을 이해시키고 주변 국가와는 불리한 조건을 감수하고 선린 우호관계를 발전시켰다. 아프리카, 아시아, 라틴아메리카의 지역국가들과도 전통적 우호관계를 유지하기 위해 노력하였다.

올림픽 이후 국제무대에서 중국은 지역문제나 국제현안에서 이전보다도 훨씬 적극적으로 참여하여 자신감으로 대처하고 있다. 또한 국제기구 기능과 규칙 및 규범을 국가이익을 증진하는 방편으로 받아들이고, 국제체제 안에서 역할수행을 노력하고 있다. 이에 중국외교정책 관련자들은 강대국으로서의 책임의식을 가지기 시작하였다. 중국은 국제규범을 수용하고 국제기구에 적극 참여하면서 과거보다도 세련된 외교기술을 발휘하고 있다. 협조할 기회가 있으면 과거보다는 협상테이블에 보다 많은 것을 내놓고 있다. 오늘날 중국은 국익추구를 위해서 국제사회 규칙과 규범 안에서 노력하고 있는 동시에 미국우위와 현재 대만지위의 국제시스템에는 불만을 가지고 있다.

　세계는 중국이 경제발전수준과 어울리는 새로운 국제사회의 역할수행을 요구하고 있다. 특히 중국이 아시아경제 성장원동력으로 부상하면서, 아시아 각국도 중국의 확대되는 영향력을 인정하고 있다. 그러나 중국은 향후 30년 동안 중요 관심을 수많은 문제가 존재하는 국가내부 문제에 중점을 둘 것이다. 13억 인구를 가진 중국의 지속적인 정치와 경제적 현대화는 어렵다고 할 수 있다. 중국 지도자들도 향후 30년 간 중국이 발전할 수 있는 전략적 기회로 간주하고 있다. 이에 중국을 국제사회에 더욱 개방화 할 것이다.

Chapter 29
한국과 중국의 현대문화 비교

| 중국연구

한국 현대문화는 역동성을, 중국 현대문화는 웅장함을 중시한다. 한국 현대문화는 인터넷속도와 같은 엄청난 속도와 에너지를 중시하면서 흡인력을 가지고 있다. 한국 수도인 서울거리는 매 주말마다 문화축제의 거리이다. 서울의 중심지인 청계천을 중심으로 시청광장, 광화문, 대학로, 인사동, 덕수궁, 경복궁 등에서는 대소규모의 문화축제가 열린다. 남녀노소 관계없이 지나다가 축제를 만나면 자신도 모르게 한국의 역동성에 동화되어 축제에 참여하기도 한다. 나는 이러한 모습에 한국인으로서의 자부심을 느낀다.

한국문화의 역동성은 현대 한국발전의 대전환점이었던 1988년 서울올림픽과 2002년 한·일 월드컵을 통하여 일찍이 경험하였다. 특히 아시아의 조용한 나라에서 역동적인 나라로 전 세계에 소개되면서 한국문화는 한층 더 발전하였다. 이러한 역동성은 21세기 기술의 상징인 반도체와 핸드폰, 와이브로 등의 하이테크기술의 발전을 가져오면서, 세계인들에게 한국을 IT중심국으로 각인하도록 하였다.

한국인은 열정적이고 도전적이다. 내가 10여 년간 살아오고 있는 베이징에서도 쉽게 만날 수 있다. 부모님과 함께 처음 도착한 베이징의 한국국제학교(KISB)는 당시에는 초중고 전교생이 50여명 정도였으나, 약

10여 년 동안 1,000여명이 될 만큼 폭발적으로 증가하였다. 이는 한국인이 많이 중국으로 왔다는 것이다. 베이징에 한국인이 증가하면서 한국인 집단 거주지역이 생겼고, 동시에 한국인 생활편의 시설도 들어서면서 오늘날의 모습이 되었다. 중국과 일찍 수교한 미국과 일본도 중국에서 정착하지 못했다. 이와 비교하면 한국인은 대단하다. 한국인 모두가 열정과 도전성이 있었기에 이러한 일들이 가능했던 것이다.

한국인의 열정과 도전성은 현대문화와 결부되면서 역동성으로 나타났다. 중국과 일본 등 아시아를 넘어서 유럽과 중동 등으로 전파되고 있는 한류(韓流)문화는 한국의 최고 IT기술과 접목되어 전 세계에 역동적으로 소개되고 있다. 이러한 효과로 한국을 배우기 위해서 한국에 오는 세계 유학생들이 점점 증가하고 있다. 이들은 한국의 역동적인 기술과 문화에 열광하면서 자국에 전파하는 문화중개자 역할을 하고 있다.

한국의 역동성은 오늘날 세계에 한국을 대표하는 의미가 되었다. 오늘도 한국의 지방에서는 문화행사가 진행되고 있다. 그 행사내용과 진행은 보편적인 것이 아니라 폭발적인 에너지와 흡인력이 있다. 나는 서울의 야경을 좋아한다. 한강을 따라서 펼쳐지는 서울 야경은 화려할 뿐만 아니라 역동적이다. 이러한 광경과 느낌도 현재 한국문화의 역동성을 보여주는 하나의 예라고 생각한다.

중국 현대문화는 한국문화와는 다르게 웅장함을 강조하고 있다. 10여 년 동안 중국의 변화를 현지에서 지켜보고 있다. 1999년 9월의 중국과 2009년 9월의 베이징은 천지개벽으로 표현해도 부족하다. 2000년도 중반 이후, 중국은 하루가 다르게 엄청난 속도로 웅장하게 변하였다. 부모님과 함께 중국 전역을 여행했던 어렸을 때의 중국과, 2008년 베이징 올림픽을 성공적으로 개최하고 전 세계에 소개된 현재의 중국과는 말로는 표현할 수가 없다. 그러나 베이징에 도착하면서 처음 만났던 중국과 현재 중국에서 변하지 않았던 느낌은 웅장함이다. 학교에서 매년마다 한 번씩 학년별로 중국을 여행하였는데, 가는 곳곳마다 문화유적과 건물들 모두가 한국에서 생각하고 보았던 그러한 규모가 아니었다. 왜 이렇게 거대한 규모로 지어졌고 또 지어지고 있는지를 생각해 보았다. 그 원인으로 첫째는 거대한 규모의 국토와 세계 최대의 인구에서 찾을 수가 있었다. 중국역사와 문화 속에서 나오는 수많은 전쟁과 사건들도 여기서 출발하였다. 전쟁을 통하여 흥하고 망한 국가들은 국가와 백성들을 보호하기 위해 만리장성과 거대 규모의 성과 건축물을 지었을 것이다. 여기에다 광활한 영토는 중국인으로 하여금 거대한 꿈과 웅장함을 가지게 하였을 것이다. 우리가 알고 있는 중국 최초의 통일국가였던 진시황제 묘와 부장품이 발견되었던 병마총에서 현대 중국문화를 대표하는 의미의 웅장함을 만날 수 있다.

둘째는 중국의 자연환경에서 찾을 수가 있었다. 중국을 여행하면서 곳곳에 산재해 있는 웅장한 천연 자연환경에 놀랐다. 중국의 유명 명산과 비경은 중국인에게 호탕함과 기개를 가르쳤고, 문화적 표현에서도 영향을 주었을 것이다. 한편으로 이러한 환경들은 중국인에게 부드러움과 느림의 미학으로 전달되면서 웅장함으로 표현되게 하였을 것이다. 중국은 참으로 복 받은 국가이다. 자연이 남긴 웅장함과 비경은 오늘날 전 세계인을 중국으로 유인하는 관광자원이 되었고 이러한 웅장함은 현대화와 조화되어 표현되고 있다.

오늘날 현대 중국문화의 웅장함은 어느 날 갑자기 형성된 것이 아니라, 수 천 년의 역사와 함께하였고 오늘날에도 여전히 진행되고 있다. 지금은 중국의 경제발전으로 역동성도 보이고 있다. 중국문화가 웅장함에 역동성이 더해진다면 세계가 추구하는 문화국가에 중심이 될 수도 있다. 특히 전 세계의 한류중심인 한국문화의 역동성을 인용한다면, 현대 중국문화는 새로운 주목을 받을 수도 있다. 한국도 역동성에다 중국의 외부적 웅장함이 아니라 정신적 웅장함을 접목한다면, 아마도 한국문화가 조용하면서도 역동성과 웅장함이 함께 존재하는 새로운 문화를 창조할 수 있다. 세계는 각국마다 자국만의 독특한 문화를 가지고 있다. 한국과 중국도 마찬가지이다. 양국은 상대국의 문화를 인정하면서 보완관계로 함께 노력한다면 양국이 공감하는 새로운 한·중문화도 만들어 낼 수도 있을 것이다.

Chapter 30
미래 한·중 관계

| 중국연구

한국과 중국은 내가 이 세상에 태어난 1992년에 국교가 수립되었다. 부모님 손을 잡고 중국에 온지도 벌써 10년이 지났고, 한중수교도 20년 여 년이 되었다. 중국에 막 도착했을 땐 아무것도 몰랐다. 중국이 어떤 나라인지, 얼마나 크고 인구는 얼마나 되는지 등등 전혀 알지 못했다. 어린 탓도 있었지만 말과 글이 다르고 사람들이 생활하는 모습들이 우리와는 차이가 있었고 거리와 자동차들 그리고 슈퍼마켓에 진열되어 있는 제품들도 한국에서 본 것과는 차이가 있었다. 학년이 올라가면서 중국도 빠르게 변하고 있다고 느꼈다.

특히 베이징올림픽이 확정되면서 베이징은 하루가 다르게 변했다. 우뚝 솟은 건물과 잘 정비되는 넓은 도로, 특히 중국인의 외모가 세련되게 변했다. 베이징의 전체 모습도 내가 보았던 서울과 비슷하게 변해가고 있었다. 시간이 지나면서 중국인도 한국과 한국문화에 익숙해지면서, 먼 국가가 아니라 바로 옆에 있는 이웃국가로 생각하고 있는 것 같았다. 이러한 속도로 진행된다면 10여 년 후에는, 과연 한·중관계는 어떻게 변해져 있고 미래에 어떠한 관계유지가 가능할 지가 궁금하였다.

중국은 한국 및 북한과 동시 국교관계를 맺고 있다. 그러나 한국과 북한은 체제와 배경이 다르다. 한국은 미국을 북한은 중국이다. 그러나 중국은 양국과 동시수교를 한 상태지만, 북한은 미국과는 대치상태로서 그 결과는 알 수가 없다. 중국은 북한의 가장 강력하고 든든한 후원국으로서 북한에 대한 원조를 가장 많이 하고 있다. 중국은 북한에 많은 관심과 정성을 들이고 있는 상황을 뉴스를 통해서 보고 들었다. 중국은 왜 북한을 직간접으로 적극적으로 지지하는가? 앞으로도 계속 지지할 것인가? 하는 문제를 생각해 보았다.

한국은 중국과는 가까울 수도 멀리할 수도 없다. 경제관계로 더욱 그러하다. 2008년 글로벌 경제위기로 중국은 미국과 함께 세계에서 양강체제를 구축되면서 한국은 중국경제에 점점 의존하게 되었다. 예를 들어 글로벌 경제위기로 베이징의 한국인들은 귀국하였고, 같은 반의 여러 친구도 방학하자 한국으로 전학하였다. 우리 집도 한국에서 학비와 생활비를 보내 주시느라 아주 힘들어 하셨다. 치솟아 버린 위엔화 환율은 한국인들로 하여금 베이징에서 소극적 생활을 하게 하면서 어렵게 하였다. 학교에서도 친구들과 오늘 환율이 어떻게 되었다니! 어떻게 변한다고 들었다고 하면서 걱정 반, 의심 반으로 교실 분위기가 시끄럽게 하였다. 그리고 우리들은 위엔화를 사용할 때마다 한국 원화와 가치를 비교하였다. 현재 느끼는 환율차이도 10년 전 중국에 왔을 때와는 전혀 다르다.

한·중간의 미래는 어떻게 변화할 것인가? 라는 문제에서, 먼저 역사문제에서 양국의 공통인식이 형성되어야만 한·중간의 미래는 조금 더 밝다고 생각한다. 만약 동일한 역사를 또래의 중국 친구들과 상반되게 배우고 이해한다면 양국 간의 공통인식 형성은 어려울 것으로 생각한다. 중국은 수 십여 개 국가와 국경을 인접하고 있는데 한국도 이들 국가 중 하나이다. 그런데 중국은 역사왜곡계획인 동북공정사업을 추진하고 있다. 이러한 왜곡사업은 한국인의 감정을 자극하였고, 중국의 국제지위 제고 목적에도 장애가 되고 있다. 중국은 지금도 동북공정사업을 적극적으로 진행하고 있다고 한다. 지금까지 한국과 일본과의 역사문제가 심각하다고 보고 들어왔지만, 중국과도 역사문제가 심각하다는 사실을 알지 못했다.

한·중 간에는 역사문제 이외에도 정치 및 경제문제도 생각해 보아야 한다. 현재 중국은 정치적으로 북한과 한국사이의 양다리 외교를 하고 있다. 중국은 북한을 최후까지 도와줄 것이다. 이는 북한이 중국의 아시아 태평양 전초기지가 될 수 있고, 체제가 다른 한국과 미국에 대한 방어기지가 될 수 있기 때문이다. 특히 한국주도의 통일한국은 바로 중국체제에 도전하는 가장 위험한 국가가 될 수 있다. 따라서 중국은 한반도의 통일은 원하지는 않으나 국제사회에서 한국과 보조를 맞출 것이다. 왜냐하면 미국을 견제하기 위해서 한국의 협조가 절대적으로 필요하기 때문이다. 한국과 중국의 미래 정치관계는 양국이 추구하는 전략에 따라 변화가 있을 것이다.

경제관계에 있어서는 한국이 중국경제에 절대적으로 영향을 받을 것이다. 현재 한국의 수출입 1위 국가는 미국이 아니라 중국이다. 13억 인구와 약 5천만 명 인구를 봐도 장차 한국은 중국경제에 더욱 영향을 받을 것이다. 어쩌면 중화경제권 속으로 흡수될 수도 있다. 그러나 양국은 상호인정하면서 공존하는 방법을 연구해야 한다. 우리도 중국과 중국인을 인정하고, 중국도 한국과 한국인을 인정하는 시대가 올 것이다. 한·중관계는 오늘보다 내일, 내일보다 미래에, 더욱더 상호존중하면서 미래지향적으로 발전할 것이다.